Ellen Katja Jaeckel · Peter Peter

Ziegen, Götter, Bergschönheiten

Rätselhaftes Kreta

Ellen Katja Jaeckel
Peter Peter

Ziegen, Götter, Bergschönheiten Rätselhaftes Kreta

Picus Lesereisen

Picus Verlag Wien

Grafische Gestaltung: Dorothea Löcker, Wien
Umschlagabbildung: Rainer Jahns
Druck und Verarbeitung:
Druckerei Theiss GmbH, St. Stefan im Lavanttal
ISBN: 978-3-85452-931-6

Informationen über das aktuelle Programm
des Picus Verlags und Veranstaltungen unter
www.picus.at

Inhalt

Pame Kriti!

Auf nach Kreta!

> *Kreta ist etwas anderes. Kreta ist eine Wiege, ein Instrument, ein vibrierendes Reagenzglas, in welchem ein vulkanisches Experiment durchgeführt wurde.*
>
> HENRY MILLER,
> Der Koloss von Maroussi

Ja – Kreta ist anders. Die größte und südlichste Insel des griechischen Archipels hat wenig gemein mit dem restlichen Griechenland, auch lag und liegt das Eiland abseits der klassischen philhellenischen Griechenland-Route. Für Jacques Offenbach ist die Insel in der Operette »Die schöne Helena« schlichtweg »le pays lointain«.

Die geografische Lage gibt eine natürliche Erklärung für den Sonderstatus: Kreta ist etwa gleich weit entfernt von den drei anrainenden Kontinenten Europa, Afrika und Asien. Dies ist eine der Voraussetzungen dafür, dass sich hier die minoische Zivilisation entwickeln konnte, später hat man sie die erste europäische Hochkultur genannt. Die Insel des Minos ist zugleich eine der jüngsten des neugriechischen Staates: Noch keine hundert Jahre ist Kreta mit Griechenland politisch vereint.

In allen Teilen des Landes zollen die übrigen Hellenen den Kretern Respekt. Kretisch steht für eigenwillig, stolz, rebellisch, patriotisch. Nirgendwo sonst in Griechenland gab es so viele Aufstände und Erhebungen des Volkes gegen die jeweiligen Fremdherrscher, ob Venezianer, Türken oder Nazideutsche. »Die Rebellen schossen wie Unkraut neben den Getreidehalmen aus dem Boden, sie versteckten sich unter den Schafen, und die Zivilbevölkerung versorgte die bewaffneten Männer bereitwillig mit dem Lebensnotwendigen«, so die erfolgreiche kretische Schriftstellerin Rhea Galanaki. Der Schlachtruf »Freiheit oder Tod« hallte über Berge durch Kirchen und Klöster – stets hat die autonome kretische Kirche eine aktive Rolle im Widerstand gespielt. Pantelis Prevelakis' großer Essay »Der Kreter« steckt voller Erzählungen, in denen blutbefleckte Priester allen voran Gewehr und Axt schwingen. Auch aus diesem Grund fühlen sich die Einheimischen der orthodoxen Kirche verpflichtet. Das Kalenderjahr auf Kreta ist immer noch von den religiösen Festen geprägt.

Die Insel ist ein Fest der Sinne. Der Kräutergeruch der Phrygana benebelt die Nase, das Auge schweift über mächtige Bergketten, in unseren Ohren hallt kehliger Männergesang im Dialekt. Nirgendwo in Hellas werden Feste so leidenschaftlich und so laut gefeiert, begleitet von der dreisaitigen kretischen Lyra und der Laute – niemals vom Zorbas'schen *Santouri*-Xylophon oder dem griechischen *bouzouki*. Die bekannteste Filmmusik Kretas, die Vertonung von »Alexis Zorbas« durch Mikis Theodorakis, ist alles – nur nicht kretisch. Wie auch der Titelheld Makedone und nicht Kreter ist (aber durchaus einer sein könnte). Das im Film tradierte Klischee eines lebensbejahenden Anarchismus an einem zivilisationsfernen Ort passte genau in die Hippie-Welle der Sechziger. Es ersetzte fortan das klassische Griechenlandbild weißer Säulen vor tiefblauem Meer. Kreta wurde zum Inbegriff grenzenloser Freiheit.

Kreter sind Genussmenschen. Sie schätzen ausgesuchte Zutaten allerbester Qualität beim Essen – die kretische Küche ist gesund, und nirgendwo gibt es in Griechenland so viele Biobauern und so viele Hundertjährige! Und nirgendwo wird man schon am Vormittag auf ein Gläschen selbst gebrannten Tresterschnaps *raki,* auch *tsikoudiá* genannt, eingeladen. »Kalos irthate stin Kriti«, herzlich willkommen auf Kreta!

Anleitung zum Glücklichsein

Ein Besuch in Amari

Du siehst den stillen Mann Oliven lesen
Und hier und da ein einsam Echo wecken
GERHART HAUPTMANN

Zweiundzwanzig Uhr, der Dorfplatz füllt sich allmählich. Es ist Anfang August, die Zikaden schreien sich seit dem frühen Morgen die Kehle aus dem Hals, sie sind die Einzigen, die in ihrem Treiben nicht ermüden und wie Phönix aus der Asche immer wieder von Neuem entstehen. An einem uralten, knarzigen Ölbaum klebt seine transparente Hülle, während das Tier verjüngt und gut getarnt am nächsten Baumstamm zirpt. Jetzt erst zu dieser Stunde atmet mein Körper auf. Auch in achthundert Metern Höhe ist die Hitze tagsüber nur in den kühlen, behutsam restaurierten alten Steinhäusern erträglich. Zwischen elf Uhr morgens und acht Uhr abends werden die Körperfunktionen heruntergefahren, Bewegungen weitgehend vermieden, das einzige *Kafeneion* vor Ort macht seinen Jahresumsatz in diesem Monat, wegen der Schattenplätze unter den Platanen. Mensch, Vieh und auch Pflanzen verharren in Ruhestellung. Bis zum 15. August, dem Tag Mariä Entschlafung, als die Seele der Panagia in den Himmel fuhr, wird gefastet, Hochzeiten auf den September verschoben, fällige Hausarbeiten und Operationen, die noch hinausgezögert werden können, ebenso. Ein Land in Wartestellung. Auch die Natur wartet. Die Feigen und Granatäpfel sind noch grün und klein, die Opuntien, auf Kreta Frankenfeigen genannt, stachlig und abweisend, der Boden verdorrt gelb. Außer ein paar Spritzgurken, Disteln und Kapern wuchert hier nichts. In dem hoch gelegenen Tal zwischen den Bergrücken des Kedros und des Psiloritis, dem Amari-Becken, schießt die Süße erst Ende August in die Trauben. Ein angebundener alter Esel verjagt träge mit seinem Schwanz die lästigen Fliegen. Die Milch der Ziegen und Schafe fließt spärlich, nur noch alle drei Tage wird das Vieh gemolken, gegen sechs Uhr in der Frühe. Es ist die letzte jungfräuliche Milch des Sommers, bevor die Tiere tragen. Ihre Milch ist fett, gehaltvoll und riecht ein wenig nach Thymian.

Charalambos Kounoupas hat sich für den Abend fein gemacht. Das hellblaue Hemd mit dem altmodischen Kragen ist frisch gebügelt, die Krawatte ist etwas zu kurz gebunden, die Hose aber sitzt akkurat. Seine blauen Augen funkeln unter den dichten weißen Brauen, als ihn die Freunde und Nachbarn grüßen, »geia sou Lambi, kalos tone«, willkommen in unserem Kreis. Herr Charalambos ist hundertdrei Jahre, mittlerer Statur und schlank, man würde höchstens auf fünfundsiebzig tippen. Er wurde 1904 im Haus seiner Eltern und Großeltern in Amari, Kreis Rethymnon, geboren, und seither lebt er hier in diesem Fünfundsechzig-Seelen-Dorf, das einst Hauptstadt der gleichnamigen Region war, mit einer richtigen Poststation, einer Grundschule mit zwei

Lehrern und vierzig Kindern und sogar einem Amtsgericht. Geblieben ist nur ein kleines Polizeirevier, in dem der Fernseher Tag und Nacht läuft und die wenigen Beamten gelangweilt Katzen füttern. Zwei schulpflichtige Kinder bringt ein Schulbus heute zehn Kilometer weiter nach Agia Fotini. Im Winter, wenn es kalt und feucht wird am Fuße des Ida-Psiloritis, zieht es die meisten Bewohner zumindest für ein paar Tage in der Woche in die Stadt hinunter.

Im August aber füllen sich die leeren Häuser, von überall her kehren sie in ihr Heimatdorf zurück, aus Athen vor allem, aber auch aus Mosambik, den USA und Südafrika. Dann gibt sich Amari richtig kosmopolitisch, und das »Kafeneion Petrakakis« wird zum Umschlageplatz für Nachrichten aus aller Welt. Die Infrastruktur verbessert sich dadurch nicht. So gibt es noch nicht einmal einen Bäcker, das Brot kommt ebenso wie das Gemüse, der Käse, die Bettwäsche und der Haushaltskram auf den Rädern der verbeulten Pritschenwagen und wird mittels Flüstertüte gar nicht leise angepriesen.

Bürgermeister Michalis Petrakakis, ebenfalls aus Amari stammend, ist heute für vierzehn Dörfer verantwortlich, die den Demos Syvritou bilden. Die Gemeindereform von 1996 schloss einzelne Dörfer zusammen und taufte die neu gegründeten Gemeinden auf antike Namen. In diesem Fall wählte man den Namen der antiken Siedlung Syvritos, die von den Mykenern um 1400 vor Christus begründet wurde und sich heute über dem hübschen Ort Thronos, berühmt wegen seiner Muttergotteskapelle mit schönen Fresken aus dem 14. Jahrhundert, erhebt. Eigentlich ist Herr Petrakakis Mathematiklehrer in Rethymnon, wurde aber für seine Funktion als Gemeindevorsteher vom Schuldienst befreit. In seiner Amtszeit (nun die dritte) hat er einiges erreicht: Mit Hilfe von EU-Geldern wurden wichtige Verbindungsstraßen asphaltiert, so die aussichtsreiche Strecke von Rethymnon über das Kloster Arkadi zur Moni Asomaton, Staudämme errichtet und byzantinische Kirchlein restauriert. Jeder Dorfbewohner, erklärt mir der Bürgermeister, übernimmt eine bestimmte Funktion: Der eine organisiert Feste, der andere kümmert sich um den Transport notwendiger Waren, ein dritter engagiert sich für das Vereinsleben. Jeder hat seinen festen Platz in der Kirche Mariä Tempelgang und der Verklärung Christi hoch über dem Dorf. Es ist ein Leben in Beschaulichkeit, die Türen bleiben auch nachts unverschlossen, jeder schaut bei jedem vorbei auf ein Glas selbst gebrannten *raki*. Die zwanzig im Dorf ansässigen Albaner sind eine wichtige Stütze bei Bau- und Klempnerarbeiten, ihre Frauen kümmern sich um die Haushalte jener, die nur im Sommer hierher kommen. Sie leben zur Miete und unter sich, sprechen akzentfrei Griechisch und haben sich zum Zwecke der leichteren Assimilierung orthodox taufen lassen und sich griechische Namen zugelegt.

Mit zweiunddreißig ging Charalambos Kounoupas in den Ehestand. Seine Frau stammt aus Monastiraki, dem minoischen Ort ein paar Dörfer weiter, und brachte als Mitgift einen Olivenhain in die Ehe. Charalambos bestellte Feld und Hain, kümmerte sich um Schafe und Ziegen und arbeitete bis spätabends als Wirt in seiner eigenen Taverne, von denen es früher vier im Ort gab. Geblieben ist nur das *Kafeneion,* das sommers ein Rückkehrer aus Johannesburg betreibt und winters eine Bulgarin gepachtet hat.

Sechs Tage die Woche arbeitete Charalambos, der Sonntag war ihm heilig. Aufgrund eines Augenleidens wurde er nicht in den Krieg eingezogen und musste seine Heimat Amari nie verlassen. Herr Charalambos ist ein glücklicher Mann. Natürlich will ich das Rezept für sein langes, gesundes Leben wissen. Seine Augen funkeln wieder, das Lächeln ist beinahe schelmisch. Die Antwort hat er schon hundertmal gegeben, aber er wiederholt sie gerne: *liga ap'ola,* ein wenig von allem, die goldene Mitte. Das heißt vor allem wenig Essen und wenig Aufregung. Ein Leben, wie es eben in Amari möglich ist. Sein einziger Kummer in seinem langen Leben war der frühe Tod seiner Frau, die er vor über dreißig Jahren verlor. Seither führt er seinen Haushalt alleine, ohne Hilfe und gemäß seinem eigenen Rhythmus. Es müsste schon etwas Außergewöhnliches passieren, um diesen zu stören. Morgens trinkt er ein Glas Milch, dazu einen griechischen Mokka, *metrio,* mittelsüß, danach bereitet er sein Mittagessen zu, täglich frisch und gerade so viel, wie er zu sich nehmen kann, und das ist nicht viel. Am liebsten *ospria,* Hülsenfrüchte. Eine gute Stunde ist er mit dem Putzen und Verlesen der unterschiedlichsten Bohnenarten beschäftigt. Die eisenreichen, Cholesterin abbauenden

Hülsenfrüchte sind fester Bestandteil der traditionellen kretischen Ernährung. Sie werden über Nacht eingeweicht und am nächsten Morgen auf kleiner Flamme allmählich weich gekocht. Neben der *fassolada,* dem auch in Tavernen servierten weißen Bohnen-Tomaten-Eintopf, den Kichererbsen in Mehl- und Zitronensauce und den mit Zimt und Lorbeer gewürzten Linsen, stehen die *mavromatika,* die kleinen ovalen Bohnen mit den schwarzen Augen und in der Karwoche die *loumbounia* (im Altertum als »thermos« bekannt), die bitteren Lupinen, hoch im Kurs. Charalambos isst dazu den traditionellen Gerstenmehl-Zwieback, *paximadi,* den er in Wasser aufgeweicht hat, um die gar nicht wenigen noch eigenen Zähne zu schonen. *Koukia,* dicke, graue Bohnen, gelten als Delikatesse und werden stundenlang zu einer grauen Masse verkocht, die er mit frisch geschnittenen Zwiebeln, Öl und Zitronensaft als eine Art Dip reicht. Von seinen Spaziergängen am frühen Abend bringt Charalambos auch eine Wildkräutermischung aus Lattich, Nesseln, Feldspargeln und Disteln mit. Diese *chorta* bereitet er wie frischen Spinat zu und genießt sie als Salat mit viel Öl und Zitronen. Schon der italienische Reisende Christophoro Buondelmonti hatte Anfang des 15. Jahrhunderts diesem Menschenschlag Beifall gezollt: »Sie sind von großer Statur, unglaublich rüstig in ihren Bergen und kühn im Kriege; sie erreichen das Alter von hundert ohne Krankheiten; statt Wein trinken sie meist Milch.« Übrigens hatte Buondelmonti keinen einzigen Olivenbaum auf Kreta gefunden – der laut EU mit über viertausend Jahren älteste lebende Olivenbaum der Welt in Ano Vouves war damals offensichtlich noch nicht ausgeschildert. Im Spätmittelalter wurden vorwiegend Zuckerrohr und Baumwolle gepflanzt. Erst die Türken kultivierten wieder im großen Stil die heilige Frucht.

Das Öl, das Herr Charalambos ausschließlich verwendet, stammt selbstverständlich noch immer von den eigenen Ölbäumen. Seinen Hain hat er mittlerweile verpachtet, der Pächter darf die Hälfte behalten und liefert Charalambos das fertig abgefüllte native Öl. Dieses flüssige Gold enthält höchstens ein Prozent freie Fettsäuren und wird reichlich verwendet. Kreta besitzt geschätzte dreißig bis fünfunddreißig Millionen Ölbäume, ein Drittel des gesamtgriechischen Bestandes – das heißt, auf jeden Kreter kommen durchschnittlich zweiundsechzig Olivenbäume! Hauptsächlich wird die Koroneiki-Olive kultiviert, die kleine, sehr ertragreiche Früchte hervorbringt. Um Amari herum wächst auch noch die Tsounati-Olive, die ursprüngliche Olivensorte der Insel. Auf zwanzig Kilo Oliven bringt es der durchschnittliche kretische Ölbaum, woraus dann vier bis fünf Liter reines Öl entstehen, ein mühsames Geschäft. Der internationale Erfolg des kretischen Olivenöls ist allerdings beachtlich – achtzig Prozent des Öls wird übrigens nach Italien (!) exportiert und dort etikettiert. Im Gegensatz zu den meisten Olivenölen ist die Herkunftsbezeichnung geschützt: »Prostatevómenis Onomasías Proélevsis« (Appelation d'Origine Contrôlée). Kretas Edelöle, vor allem jenes aus der Gegend um Sitia im Osten Kretas, zählen zu den besten der Welt und werden rund um den Globus in Delikatessengeschäften verkauft.

Der Jahrhundertkoch Eckart Witzigmann hat ein begeistertes Buch über die Kreta-Diät verfasst, weil er auf der Insel eine Wahlverwandtschaft zu seiner produktorientierten Kochphilosophie spürte: Kretas kulinarische Spezialitäten stammen aus der einfachen Bauernküche, deren wichtigste Ingredienz die Frische der Zutaten ist. Die Tomate schmeckt eben wirklich noch nach Tomate, die Zwiebel nach Zwiebel. Charalambos' Küche kommt ohne raffinierte Saucen aus, dennoch wird mehr gewürzt als anderswo in Griechenland, er nimmt die eigenen Kräuter der Bergwelt. Im Frühjahr breitet sich auf den Wiesen Amaris Wildfenchel aus, der gerne zu Kartoffeln und Artischocken gereicht wird, Thymian, Oregano, Rosmarin, Salbei, Minze und Lorbeer, vor allem aber auch Zimt wird den Gerichten beigegeben. Schon Nikos Kazantzakis hatte während seines Aufenthaltes in Deutschland nach und nach den Lorbeer eines Kranzes, den er bei einem Fechtwettbewerb gewonnen hatte, für Sauerbraten aufgebraucht. Die duftenden Kräuter helfen bei Verdauungsstörungen und regen den Kreislauf an. Zum Salat genießt Charalambos ein Stück *graviera Kritis*, jenen wunderbar ausgereiften Bergkäse aus Schafs- und Ziegenmilch, wie er zum Beispiel in der Gebirgskäserei von Herrn Kraounakis in Vrysses hergestellt wird.

1897 machte der deutsche Gelehrte E. Fabricius ganz ähnliche Beobachtungen zur Kreta-Diät:

»Um Zeit zu sparen, wird nicht einmal Brot gebacken, sondern man begnügt sich mit paximadia, das sind Kringel aus Gerstenmehl, die wie Schiffszwieback völlig durchgebacken sind und im Tonkrug viele Wochen lang halten. Zur Mahlzeit müssen sie zerbrochen und die steinharten Brocken in Wasser aufgeweicht werden. Bohnen in Öl gesotten zum Frühstück, eine Handvoll Oliven und ein Stück Käse zwischen der Arbeit und des Abends Kürbisschnitze in Öl, das ist mit geringer Abwechslung neben den paximadia die tägliche Nahrung der Familie. Während der siebzehn Tage, die ich in Agii Deka, einem Dorfe von zweihundertvierundfünfzig Einwohnern in fruchtbarer Gegend am Rand der Messara, verlebt habe, wurde nur einmal im Orte geschlachtet.«

Charalambos schwört auf Lammfleisch, das einzige Fleisch, das er überhaupt zu sich nimmt, allerdings auch dies in Maßen, kaum ein Kilo Lamm im Monat verzehrt er, vornehmlich in Kräutern mariniert und im Ofen gebacken. Zu besonderen Anlässen gönnt er sich Zickleinfleisch. Früher hat er auf der Jagd am Ida sogar mal eine Wildziege, die capra aegagrus creticus, erlegt, aber das ist lange her. Fisch ist mittlerweile zum Luxusgut geworden, denn die Küsten rund um Kreta sind leer gefischt. Wer meint, dass die am malerischen Hafen von Chania angebotenen Fischspezialitäten aus den Fanggründen der Insel stammen, täuscht sich meist. Die Fangboote müssen wegen der fortschreitenden Versandung des Bodens, der den Fischen immer weniger Brutplätze bietet, immer weiter hinausfahren aufs offene Meer und kehren nicht selten nur mit ein paar Sardellen und

Tintenfischen zurück. So wird viel von der Westküste Afrikas importiert und über Athen eingeführt.

Charalambos rümpft die Nase bei dem spärlichen Angebot des einmal in der Woche vorbeifahrenden Fischhändlers. Er stammt schließlich wie die meisten Kreter aus dem Gebirge. Schwimmen kann er nicht, wozu auch, am Strand wäre es ihm ohnehin zu heiß, und das Meer sieht er nur, wenn er die Fähre nach Athen zu seinen beiden Kindern nimmt.

Das kretische Hirtenvolk zieht das Fleisch dem Fisch vor. Rinderzuchten sind selten, vornehmlich Schafe und Ziegen, aber auch Kaninchen sind in der rauen Bergwelt anzutreffen.

Charalambos' Generation ist seit langem ausgesuchtes Forschungsobjekt internationaler Ernährungswissenschaftler, die sich seit den fünfziger Jahren mit dem Phänomen der kretischen Langlebigkeit befassen. Der Amerikaner Ancel Keys hatte als Erster 1956 in einer aufsehenerregenden Studie festgestellt, dass die Anzahl der Herzkranken auf Kreta um siebzig Prozent geringer als in allen anderen westlichen Ländern ist. Der Grund hierfür soll sein, dass die Bevölkerung damals fast vierzig Prozent ihres Kalorienbedarfs mit den einfach ungesättigten Fettsäuren des Olivenöls befriedigte und nur zu zwölf Prozent mit Eiweißprodukten. Der Rest wurde durch Kohlenhydrate und Vitamine aus Gemüsen, Kräutern, Hülsenfrüchten, Getreiden und Obst abgedeckt. Zum Süßen diente hauptsächlich Honig, jenes reine, nach Thymian duftende Naturprodukt der kretischen Imker. Fleisch wurde nur in Maßen verzehrt und nur allerfrischeste Ware. Die Arbeit auf dem Feld ging von Hand vor sich, was den Körper fit hielt.

Hinzu kam, dass der Fastenkalender der Orthodoxie streng eingehalten wurde: An fast hundert Tagen im Jahr verzichtete man auf Eier, Fleisch und Grätenfisch ganz, eine Regel, die Charalambos selbstverständlich noch immer streng befolgt: vierzig Tage vor Ostern, vierzig vor Weihnachten, vierzehn im August vor Mariä Himmelfahrt. Der Gott der Kreter hat es aber gut gemeint mit seinen fastenden Gläubigen und ihnen die Schnecken geschenkt, die als eiweißreicher Fleischersatz vor allem im Frühling und ganz besonders in der Karwoche auf den Küchentisch kommen (im übrigen Griechenland ist es vor allem Oktopus). Sie werden am liebsten mit Öl und Zitrone gekocht, der Basis aller kretischen Gerichte, oder als *Stifado*-Eintopf mit vielen kleinen Hyazinthenknollen und Rosmarinzweigen geschmort und mit Wein abgelöscht.

Die spirituelle Askese unterstützt die körperlichen Funktionen. Die vom französischen Diätologen Serge Renaud vom Institut National de Santé et de Recherche Médicale (INSERM) unlängst durchgeführten Untersuchungen bestätigen die Ergebnisse von Keys: Kretas Hundertjährige beherzigen bei der Ernährung eine Regel, die unter dem Schlagwort »sensationelle Kreta-Diät« inzwischen ganze Bücherregale füllt, inklusive jenem Witzigmann-Bestseller. Begeistert streiften die Diätologen durch Kretas Dörfer, entnahmen den Bewohnern mit einem Pikser in den Po eine Blut- und Fettprobe und schauten in die Kochtöpfe. Sogar im kupferfarbenen kretischen Rotwein entdeckten sie den Schutzstoff Resveratrol gegen Herz-Kreislauf-Krankheiten. Auch der sechsundvierzigprozentige Tresterschnaps, *raki* oder *tsikoudia* genannt und manchmal zart mit Johannisbrot- oder Maulbeerblättern parfümiert, gilt längst als Allheilmittel gegen jegliche Art von Beschwerden: Äußerlich aufgetragen lindert er Insektenstiche, Rheumabeschwerden, Verspannungen sowie Kopf- und Zahnschmerzen, in Maßen getrunken regt er die Verdauung an und spült den Magen-Darm-Trakt. Auf den Schnuller geträufelt wiegt er Säuglinge in den Schlaf.

In Amari, so meint man, ist die Zeit stehen geblieben. Doch Arbeitsplätze gibt es nicht mehr, die Jungen zieht es in die drei Städte an der Nordküste oder gleich nach Athen. In dreißig Jahren, zwischen 1951 und 1981, hat sich die Bevölkerung von Herakleion und Chania verdoppelt – und in Athen verdreifacht. Mit dem Wandel von der bäuerlich-ruralen in eine moderne Dienstleistungsgesellschaft haben sich auch die kretischen Ernährungsgewohnheiten dramatisch geändert, und die körperliche Betätigung ist fast völlig aus dem Alltag verschwunden. Ein Besuch bei Professor Antonis Kafatos, dem Leiter des Instituts für Sozial- und Präventivmedizin der medizinischen Fakultät der Universität in Herakleion, liest sich wie die Krankengeschichte der Insel: Seit zwanzig Jahren hat sich der Gesundheitszustand der seit 1960 Geborenen folgenschwer verschlechtert. In einer Studie, die er im Auftrag der Weltgesundheitsorganisation WHO 2004 veröffentlichte, stellt er fest, dass dreiunddreißig Prozent der sieben- bis elfjährigen kretischen Kinder dieselben Blutfettgewebe aufweisen wie US-amerikanische Jugendliche. Seit 1980 haben die Kreter im Durchschnitt um zehn Kilogramm zugenommen und sind dabei nur acht Zentimeter gewachsen. Schuld daran sei in erster Linie der hohe Fleischkonsum, was im Zeitalter des noch jungen Wohlstandes häufig als Zeichen eines hohen Lebensstandards missverstanden werde. Chips, Pommes frites, häufig in Sonnenblumenöl von zweifelhafter Qualität frittiert, und Coca Cola haben längst ihren Siegeszug auf Kreta angetreten. Aus Zeitmangel greifen immer mehr Mütter mittags schnell zum Sandwich. Schwere Land- und Bauarbeiten verrichten heute die meist schlanken Albaner.

Staunend beobachten die pummeligen Enkel, ansonsten den griechischen Einheitsbrei in den Tavernen gewöhnt, beim Besuch im Dorf das mühselige Putzen frischer Hülsenfrüchte in Charalambos' cucina povera. Einen Monat lang genießen sie im August Großvaterkost, zu wenig wohl, um die hundert zu erreichen.

Il regno di Candia

Venezianisches

Lasst Bastonaden ihren Anteil sein und verschiebt Anwandelungen von Gutwilligkeit. Zugegeben, dass unsere braven Venezianer diese Insulaner, die eine schlechte Natur von ihren Vorvätern geerbt haben, etwas rau anfassen – am besten wäre, so zu tun, als ob man ihr Verhalten gar nicht bemerke. Doch wenn die Kreter uns irgendwie zunahe treten, dann ist es das beste, sie streng zu strafen.

Paolo Sarpi, um 1616

Drei polierte Fahnenmasten erinnern vor dem Markusdom an das untergegangene venezianische Imperium, dessen Doge sich nach der Plünderung Konstantinopels im Vierten Kreuzzug selbstbewusst als »Herr über drei Achtel des Römischen Reiches« titulierte. Sie trugen einst die Banner des Königreichs Zypern, der Morea (Peloponnes) und Candias. Die nach ihrer Hauptstadt getaufte »Große Insel« Kreta war das Juwel des stato da mar.

Szenenwechsel von der Lagune ins Zentrum der Inselkapitale Herakleion, zum einstigen Markusplatz des venezianischen Candia. Um die längst nicht mehr wasserspeienden Löwen des Marmorbrunnens, den 1626 der Provveditore Francesco Morosini zur Linderung der notorischen Frischwassernot aufstellen ließ, scharen sich *Kafeneia* und *Estiatoria*. Kellner in abgewetzten, schlecht sitzenden, frappébeigen Westen versorgen Touristen und träge mit *komboloi* spielende Greise. Ein Blick auf die *katalogoi* (Speisekarten) zeigt Gerichte wie *melitzanosalata* (Auberginenmus), *pastitsio* (Nudelauflauf), *Stifado*-Gulasch aus Schmorkaninchen mit Zimt und weißen Zwiebeln sowie *fasoles* und jetzt im Mai *fraoules*. Gemeinsam ist all diesen Leckereien, dass sie nicht nur italienische, sondern explizit venezianische Namen tragen. So heißt die Lasagne in der Lagunenstadt bis heute Pasticcio, und Fraoula und Fasoles ist venezianischer Dialekt für Erdbeeren und grüne Bohnen. Jahrhundertelang war das Venezianische die Lingua franca der Levante, in der arabische, seldschukische und hellenische Seefahrer miteinander radebrechten.

Die Venezianer bemächtigten sich um 1211 der Großen Insel während des Machtvakuums, das die Kreuzzüge im östlichen Mittelmeerraum hinterließen. Damals gerieten fast alle ägäischen Inseln unter die Herrschaft lateinisch-fränkischer Glücksritter. Doch der genuesische Korsar Enrico il Pescatore, der stolz den Titel eines Herzogs von Malta führte, hatte gegen die geballte Macht der Serenissima keine Chance.

Die Venezianer meinten es ernst mit ihrem Engagement im griechischen Osten. Wenige Jahre zuvor hatte der Große Rat nur mit einer einzigen Stimme Mehrheit den Antrag abgelehnt, die Regierung und Sitz des venezianischen Staates kurzerhand von der Adria nach Konstantinopel zu verlegen. Auch für Kreta wurden nachhaltige Kolonisationspläne geschmiedet. Administrativ wurde die Insel gleich der Lagunenstadt in Sestieri

(Sechstel) eingeteilt: San Marco, Castello, San Polo, Santa Croce, Cannaregio und Spinalonga. Noch heute bewahrt die Insel Spinalonga an der Nordküste Kretas den alten Namen des später in Dorsoduro umgetauften Stadtteil Venedigs.

Doch schon die ersten Verwaltungsreformen der neuen Herren verprellten die Einheimischen und zeigten, welch tiefer Graben Katholiken und Orthodoxe trennte. Apartheid auf Venezianisch. Der neue lateinische Patriarch von Konstantinopel, Morosini, zog glatt rasiert und mit hautenger Purpurrobe in Candia ein. Alle orthodoxen Kirchen wurden bis auf eine pro Stadt zwangsgeschlossen, Aufstände einheimischer Adelsfamilien blutig niedergeschlagen. So ließ der venezianische Gouverneur den zu einem Bankett geladenen Rebellen Leon Kallergis kurzerhand in einen Sack einnähen und ins Mare di Creta werfen.

Doch der Elan einer totalen Venezianisierung und Katholisierung erlahmte bald – schließlich standen maximal zehntausend Kolonisten einer einheimischen Bevölkerung von circa hundertfünfzigtausend alteingesessenen Kretern gegenüber. 1403 büffelt erstmals ein venezianischer Kommandant auch aus praktischen Gründen die in Mode kommende Humanistensprache Griechisch. Immer mehr venezianische Kolonisatoren empfinden sich mit der Zeit als Kreter, verheiraten sich mit dem einheimischen Inseladel, – eine Tendenz, die in der Ausrufung der Repubblica di San Tito (1363–1366), benannt nach dem Inselpatron und Paulusschüler, gipfelt. Vierhundert Jahre vor dem Unabhängigkeitskrieg in den Vereinigten Staaten

Amerikas versuchte die Elite der Kolonisten, sich von der Mutterrepublik zu lösen – eine Rebellion, die mit der Hinrichtung der Rädelsführer jäh endete.

Andererseits spielten die durch ihre Plantagen reich gewordenen Kreto-Venezianer weiterhin eine wichtige Rolle im Establishment der Lagunenstadt. 1383 wurde der adlige Siedler Antonio Venier aus Kreta zum Dogen gewählt und stach zur dreiwöchigen Schiffsreise nach Venedig in See.

Der venezianische stato da mar ruht auf Kreta, bilanziert der Doge Raniero Zeno im 13. Jahrhundert. Doch wichtiger als die strategische Position war zunächst der landwirtschaftliche Überschuss der Insel. Der Lieblingswein der Renaissance und zahlreicher Shakespeare-Helden, der sherryartige Malvasier, heißt nach der venezianischen Festung Monemvasia auf der Peloponnes, die in großem Stil kretischen Wein lagerte und exportierte. Kretische Malvasierreben wurden von Prinz Heinrich dem Seefahrer bis nach Madeira gebracht und begründeten die Dessertweinproduktion der atlantischen Insel. Und auch die Baccari, die venezianischen Weinstuben, schenkten noch bis zum Ende der venezianischen Selbständigkeit 1797 bevorzugt griechischen Wein aus.

Bevor die Zuckerrohrplantagen Madeiras und Brasiliens die europäische Produktion unrentabel machten, war Kreta zusammen mit dem ebenfalls venezianischen Zypern der Hauptproduzent des luxuriösen, teurer als Honig bezahlten »indischen Salzes«, mit dem damals Fürstenköche auch Fleischspeisen bestreuten. Ein typisches Beispiel für venezianische Willkürherrschaft und späteren Tatendrang ist das fruchtbare Lassithi-Plateau, von den Venezianern spina di cuore, Stachel im Herzen, genannt. Aus Furcht vor Briganten war über hundert Jahre lang sogar das Weiden von Tieren verboten, bis dann in großem Stil die schachbrettartigen Bewässerungsgräben ausgehoben wurden. Die Hochebene mutierte zur Kornkammer der Serenissima.

Mit der Eroberung Konstantinopels 1453 durch die Osmanen findet sich Kreta unverhofft in einer neuen Rolle als Vorhut der griechisch-byzantinischen Kultur wieder. Vom Bosporus flüchten zahlreiche Künstler und Gelehrte auf die Insel. Zumindest im bürgerlich-humanistischen Milieu kommt es nun – nach zweihundertfünfzig Jahren! – zu einer Annäherung zwischen Griechen und assimilierten Venezianern. Die lateinische Missionierung ist allerdings gescheitert: Ende des 16. Jahrhunderts ist die katholische Präsenz auf dem Rückmarsch. Nur mehr zwei Prozent der Kreter feiern die Messe nach katholischem Ritus, längst sind die Dorfkapellen wieder zur orthodoxen Liturgie zurückgekehrt. Das Beispiel des machtlosen kretischen Papstes Alexander V. Filargis (1409–1410), der vom Konzil von Pisa gegen zwei Gegenpäpste gewählt wurde und von sich sagte: »Als Bischof war ich reich, als Kardinal arm, als Papst ein Bettler« – hatte auf der Insel kaum Eindruck hinterlassen.

Das italienische Element spielt vor allem auf dem Gebiet der Kultur eine richtungsweisende Rolle: In Rethymnon wird 1561 die Accademia dei

Vivi nach italienischer Mode gegründet. Über tausend Kreter studieren zwischen 1500 und 1700 an der venezianischen Staatsuniversität Padua, vor allem Medizin und die beiden Rechte. Kreter spielen eine entscheidende Rolle in der neuen Kunst des Buchdrucks. 1476 druckt Demetrios Damilas in Mailand die Grammatik »Erotemata« des Konstantinos Laskaris, das erste ganz in Griechisch verfasste Buch überhaupt. 1499 verlegt Zacharias Kalliergis das bahnbrechende Lexikon »Etymologicum Magnum«, und in Madrid gibt der Kreter Demetrios Doukas die polyglotte Complutensische Bibel heraus, die erstmals griechische, hebräische und lateinische Texte nebeneinander stellt. Im türkischen Konstantinopel gründet der spätere Patriarch Kyrillos Loukaris, Absolvent der Universität Padua, die erste griechische Offizin.

Unter venezianischer Herrschaft erlebt auch die neugriechische volkssprachlich-demotische Literatur ihre erste Blüte. Die kretische Renaissance bildet in gewisser Weise die Ouvertüre zur modernen griechischen Nationalkultur. Literarischer Zeitgeist wie das Theater, die Novellistik und der Minnesang schwappen von den Höfen Westeuropas auf die Ägäisinsel, wo sie eine individuelle Hellenisierung erfahren. Als griechische Weltliteratur gelten die zwei berühmtesten Stücke der Epoche, das Drama »Erofili« und das Epos »Erotokritos«, beide im kretischen Dialekt verfasst, aber in lateinischen Lettern gedruckt!

Der »Erotokritos« ist eine freie Adaption des provenzalischen Ritterromans »Paris et Vienne« in über zehntausend gereimten Fünfzehnsilbern.

Diese *dekapentasyllaboi* sind das typische Versmaß kretischer Volkslieder. Das Entstehungsdatum ist heftigst umstritten. Gedichtet wurde das bis heute populäre Poem irgendwann zwischen 1570 und 1645 – also eventuell während der Türkenbelagerung – von einem Kreter aus Sitia, von dem außer seinem venezianischen Namen Vinzentzos Cornaros kaum biografische Details bekannt sind. 1713 wird das kretische Meisterwerk in Venedig gedruckt. Skurril mutet die Szene des Ritterturniers zwischen dem Prinzen von Byzanz, dem jungen König von Zypern und dem Sieger Erotokritos im antiken Athen an.

Die alten Stoffe sind nicht vergessen: Im April 2007 erzielt das Gemälde »Erotokritos und Aretusa« von Theophilos bei einer Kunstauktion im Athener »Zappeion« einen Rekordpreis von hundertfünfzigtausend Euro. Auf den Ionischen Inseln verkleidet man sich im Karneval gerne als Erofili.

Als Pionier des neugriechischen Theaters gilt der Kreter Georgios Chortatzis mit seiner Ende des 16. Jahrhunderts geschriebenen und 1637 erstmals in Venedig gedruckten Tragödie »Erofili«. Das opernlibrettohafte Schauerstück spielt im ägyptischen Memphis: Erophile, die Tochter des Usurpators Philogonos, heiratet heimlich den verstoßenen legitimen Königssohn Panaretos. Ihr wütender Vater lässt ihr den Kopf des Bräutigams in einer goldenen Schüssel bringen, worauf die Braut Selbstmord begeht. Gleich den Bakchen des Euripides töten daraufhin die Chormädchen den verbrecherischen Herrscher. Blutspritzer im Stile Shakespeares, doch das ganze ist ein Italianismus, eine Adaption der längst verschollenen italienischen Tragödie »Orbecche« des Ferraresen Giambattista Giraldi, vermischt mit Episoden aus Torquato Tassos »Befreitem Jerusalem«. Noch heute verbreiten fahrende Schauspieler, die auf Kretas Dorfplätzen ihr Talent beweisen, jeden Sommer Chortatzis' Verskunst im kretischen Idiom. Und so mancher Bauer verblüfft durch seitenlanges Zitieren der Fünfzehnsilber.

Doch von der kulturellen Symbiose von Venezianern und Kretern profitierte nur eine kleine politische und kulturelle Elite wie etwa die Familie Kallergis, die in den venezianischen Adel aufgenommen wurde. Ein prominenter Nachfahre im 20. Jahrhundert ist übrigens der österreichische Graf Richard Coudenhove-Kalergi, der Gründer der Paneuropa-Bewegung und geistige Ahnvater der EU.

Trotz regelmäßiger Kontrollen von Seiten des venezianischen Staates sprang die venezianische Inseloberschicht rüde mit den Bauern und der Dorfbevölkerung um. Presskommandos fahndeten nach Galeeren-Ruderern, hohe Steuern lasteten auf den Einheimischen. So wundert es nicht, dass viele Kreter die Türken als Befreier ersehnten und die *Enetokratia* (Herrschaft Venedigs) eher als ausbeuterisches Adelskomplott ansahen. Immerhin hatte unter dem Sultan jeder einfache Soldat den Marschallstab im Tornister und konnte, vorausgesetzt, er wurde Moslem, nach dem Leistungsprinzip in höchste Staatsämter aufsteigen.

Vierundzwanzig Jahre lang dauert der Todeskampf des venezianischen Kreta. Der größte Feldherr der Republik, der Statthalter und spätere Doge Francesco Morosini, als Eroberer der Peloponnes und Athens auch genannt »il Peloponnesico«, leitet höchstpersönlich mit seiner Lieblingskatze die Verteidigung der Festung Herakleion. Aus dem ganzen christlichen Abendland eilen Freiwillige herbei. Adelspatente werden auch an Griechen verkauft, um Devisen für die Kriegskosten aufzutreiben. Der Papst ruft zur Verteidigung des letzten christlichen Bollwerks im östlichen Mittelmeer auf. Louis XIV. schickt siebentausend von den Grafen Beaufort und Noailles angeführte Söldner, die einen wenig ruhmvollen zweimonatigen Kampfestanz aufführen. Der Johanniterorden begehrt gegen die Osmanen auf – alles vergebens. Der am liebsten rot gewandete Militär Morosini, der im Übrigen später den Parthenon kaputt schießen ließ, musste am 29. September 1669 vor Ahmed Köprülü kapitulieren und mit den letzten ausgemergelten dreitausend Venezianern aus Candia abziehen. Im Gepäck führten sie das Haupt des Heiligen Titus, das Venedig als Geste der Versöhnung erst 1966 der Kirche von Herakleion zurückgab. Die Bilanz der Belagerung von Candia: dreißigtausend getötete beziehungsweise verwundete Venezianer, die dreiundfünfzigtausend Tonnen Schießpulver und 276.000 Kanonenkugeln verballert hatten.

Was ist von Venedigs 459-jähriger Präsenz außer seinem Wortschatz geblieben, außer Begriffen wie *strata* und *ruga* für Straßen, wie *stivania* für die charakteristischen schwarzen Lederstiefel der Bauerntracht? Die heutige administrative Einteilung in die vier *Nomoi* (Regierungsbezirke) Herakleion (Candia), Lassithi (La Sitia), Rethymnon (Rettimo) und Chania (La Canea). Abbröckelnde Reliefs von Markuslöwen, die die gigantischen Festungen des Veroneser Star- und Staatsarchitekten Michele Sanmicheli (1484–1559), der am Canale Grande, in Dalmatien und auf Korfu baute, vergebens bewachen. Paläste, die wie barocke Fremdkörper in einer levantinischen Welt wirken. Aquädukte und all die Brunnen wie die antikisierende Fontana di Bembo und die tempelartig-palladianische Fontana Priuli in Candia, die lauschig abgewetzte Fontana di Rimondi in Rethymnon und der viel fotografierte, faszinierende neunzehnköpfige Löwenbrunnen von Spili am Fuße des Soros-Massivs. Ihr Wasserrauschen liebten auch die islamischen Türken für Trank und rituelle Waschung. Venezianische Brunnen zählen heute zu den charmantesten Attraktionen der Insel, auch wenn viele hinter rostigem Stacheldraht oder Müllbergen ein verachtetes Dasein als Fremdkörper aus einer vergangenen Epoche führen.

Doch vielleicht sollte man anders fragen: Was ist von Kreta in Venedig geblieben? Immerhin ist die Lagunenstadt, in der im 15. Jahrhundert über zehntausend Griechen lebten, noch heute Sitz des orthodoxen Patriarchen von ganz Italien und eines griechischen Priesterseminars im Sestiere Castello, das vom windschiefen Campanile der Kirche San Giorgio dei Greci überragt wird. In Venedig ist das vom griechischen Außenministerium finanzierte Istituto di studi bizantini e postbizantini beheimatet. Im Ikonenmuseum des Palazzo Flangini hängen auch Bilder von Michael Damaskinos, dem berühmtesten Vertreter der sogenannten kretischen Malschule und Lehrer El Grecos – ein Stück Kreta am Rialto.

Höhlen ohne Hippies

Grenzenlose Freiheit am Libyschen Meer

I hetz' mi ned, es is schee da herob'n/ bis zum meer is no weit, aber i hab vü zeit/ i bin unterwegs nach matala/ dort soll's so oide höhl'n geb'n/ in denan a poa hippies leb'n/ dort mecht i hin/ und i hab saund in die schuach

GEORG DANZER,
Matala Lyrics

Die Beatles hatten ein esoterisch-psychedelisches Cover für ihre LP »Magical Mystery Tour« ausgesucht und machten dem Maharadscha ihre Aufwartung. Man trug Jesus-Latschen, zündete Räucherstäbchen an und träumte vom Frieden in der Welt. Bald war die erste Ölkrise überstanden, die DDR feierte mit Paraden und Bruderkuss das zehnjährige Bestehen der Mauer.

Otto Normalverbraucher fuhr mit Kind und Kegel an die Strände von Jesolo und Rimini, die Hippie-Gemeinde nach Torremolinos, Goa und – Matala!

»Leute, Massen, Folks!

Kommt in Unmengen zur Alternativen Herbst-Universität in Kreta, Psitsiki, Ida, von Herakleion mit Bus 81 zu erreichen. Billige Charterflüge gibt's über Kabautermann-Tours Amsterdam. Adresse beim Studenten-Reise-Laden zu erfragen. Wir wollen eine Öko-Uni unter dem diesjährigen Thema ›Wind, Sand, Sonne, Leben, Erde, Wonne!‹ machen. Auf welchen Konsum-Scheiß können wir heute absolut, auf welchen relativ und mittelfristig, auf welchen perspektivisch gesehen verzichten? Obwohl jeder Vorschläge einbringen kann, denken wir von der Initiative doch, dass man/frau prinzipiell auf eine Theorie-Wichserei verzichten kann/soll. Auch Selbsterfahrungs- und Tanzmeditation sollten laufen. Die Mediengruppe wird für Video- und 12-mm-Schmalspur-Möglichkeiten sorgen, obwohl die Stromfrage nicht ganz gelöst ist. Anmeldungen entweder direkt vor Ort oder über die PARDON-Redaktion, die uns dieses Plakat finanziert hat. In zwei Wochen geht's los!!!! Bis dahin: Kalimera! Efcharisto! Feta-Feta!«

Als Illustrierung des (satirischen?) Aufrufs der Zeitschrift *pardon* im Jahr 1979 hebt ein Hippie-Troglodyt im Leopardendress seine phallische Keule, während seine bis auf einen Fellschurz nackte blonde Gefährtin rhythmisch Steine aufeinander schlägt. Den Hintergrund der Wohnhöhle des langhaarigen Paares schmückt ein auf zusammengebundenen Ästen posierender Fernseher mit dem Flimmerbild »Freie Freak-Uni« – ohne Stromanschluss. Mit dem Slogan »Zisch rüber zu uns« wird die deutschsprachige Hippie-Gemeinschaft zum Mitmachen in Kretas Grotten eingeladen.

Die Bucht von Matala, an der sich der Sage nach Zeus in Stiergestalt mit der entführten Europa vereinte, öffnet sich nach Westen, es ist der ideale Schauplatz, um dem Untergang der Sonne über dem Libyschen Meer beizuwohnen.

Heute sind die Höhlen von Matala Sightseeing-Attraktion für eilige Nordküsten-Pauschalurlauber, von denen mittlerweile Eintritt erhoben wird. Die Reiseleiter geben auf der Fahrt vom chicen Elounda mit seinem Wellness-Spa an die Südküste Anekdoten zum Besten von jenen Tagen, als ein kunterbuntes, internationales, schrilles Völkchen von jungen Amerikanern, die ihre Teilnahme am Vietnamkrieg verweigerten, deutschen und französischen Aussteigern, griechischen Junta-Flüchtlingen und Kathmandu-Durchreisenden, die Felsen bewohnte. Kein Reiseleiter vergisst zu erwähnen, dass zeitweise auch die Sänger Cat Stevens, Bob Dylan und Joni Mitchell dazugehörten.

Sag mir, wo die Hippies sind, wo sind sie geblie-ieben? Selbst gegenüber, auf Europas südlichster Insel Gavdos, halten nur noch wenige das ganze Jahr über die Stellung. Auf dem Eiland, an dem der Apostel Paulus im Jahr 64 Schiffbruch erlitt, verträumen noch sechs junge Menschen, darunter eine Japanerin, im Schatten der Zypressen ihr Dasein in Musik und Holzschnitzerei. Doch die Verbindungen nach Gavdos sind für den organisierten Gaffer-Tourismus zu umständlich. In Matala reagiert die Studienreisegesellschaft der Volkshochschule Schwäbisch-Gmünd mit einer Mischung aus allgemeinem Kopfschütteln und Bewunderung. Ein vierundsiebzigjähriger Ministerialdirigent a. D. zischt seiner sonnenverbrannten Ehegattin zu: »Auch hier wirste von dem ganzen Achtundsechziger-Pack nicht verschont.« Doch auch er will auf das Sonnenuntergangsspektakel nicht verzichten, stilecht soll es sein mit den authentischen Höhlen im Hintergrund. Nur die Reggae-Takte der jungen Rucksacktouristen stören ihn, da hätte er Costa Cordalis oder noch besser Rudi Schuricke bevorzugt. Doch wir sind schließlich nicht auf Capri. Was die wohl damals in Matala hörten? Da war zum Beispiel die Lyrikerin Katerina, die einzige Griechin in der Kommune, die jeden Nachmittag Beethovens »Eroica« über der Matala Bay von ihrem Grammophon aus ihrer Wohnhöhle erschallen ließ. »Da schau mal einer, die haben sogar was von guter Musik verstanden.« Lob des Ministerialdirigenten.

Matala-Tourismus hat Tradition. Die ersten – einheimischen – Voyeure kamen, nachdem westliche Illustrierte 1966 Matala-Reportagen veröffentlicht hatten und daraufhin auch die griechischen Lokalredaktionen über die braun gebrannten Nordlichter am Libyschen Meer berichteten. »Ar ju chippie?«, fragten zaghaft die Sprösslinge der kretischen Mittelschicht und strichen den Exoten über die langen, strohblonden Haare in einem von den Eltern unbemerkten Augenblick.

Der große, durchlöcherte weiche Sandsteinblock wurde schon in prähistorischer Zeit als Wohnhöhle genutzt. Wie in einem Labyrinth verzweigen sich die Tunnelgänge. Solche Höhlen sind typisch im Relief Kretas. Tatsächlich hat man jahrhundertelang das berühmte kretische Labyrinth, den Wohnort des Minotaurus, in der Nähe von Gortyn lokalisiert und auf Karten vom 15. bis zum

18. Jahrhundert als Piktogramm mit der Unterschrift *labyrintho* verzeichnet.

Angeblich soll es in den abgelegensten Schächten noch immer einige Hardliner geben, die hier nachts ihr Lager aufschlagen, wenn die Damen und Herren im Vier-Sterne-Hotel ihren von der Reisegesellschaft mitgelieferten Reiseführer für den nächsten Tag studieren und darüber einschlafen. Doch das ist vielleicht nur ein Spukmärchen der local guides.

Wer mehr über die Magie des Ortes wissen will, muss Charis, genannt Harry, aufsuchen. Charis stammt aus Thessaloniki, ist mittlerweile an die sechzig und hat seine silbergrauen Rastalocken noch immer nicht abgeschnitten. Von Mai bis Oktober läuft er als abgehärteter Makedone barfuß durch die nordgriechische Metropole. Er ist einer der Gurus der Matala-Generation. Zehn Jahre hat er dort verbracht, und im Gegensatz zu den Möchtegern-Hippies, wie er sich ausdrückt, hat er mit vier Freunden auch im Winter ausgehalten. Das Schlimmste war die Feuchtigkeit, aber auch die berüchtigten Sandstürme, die, aus Afrika kommend, jedes Sandkorn in eine Stecknadel verwandeln. Charis hatte schon früh von seinem Vater eine große Immobilie im noblen Athener Kolonaki-Viertel geerbt, die er gewinnbringend an eine Firma vermietet hat. Dass sein Aussteiger-Dasein auf einer kapitalistischen Basis ruht, stört ihn nicht, Charis hängt schließlich keiner Ideologie an. Das unterscheidet ihn von den vielen ausländischen Zeitgenossen, die mit ihm den Weg nach Matala fanden. Charis hatte gute Beziehungen zu den Einheimischen, die von den Zelt- und Höhlenbewohnern lebten, und auch zu den Mönchen von Preveli, die später, als die Hippies nach Preveli weiterzogen, die Aussteiger im Winter mitversorgten. In den Jahren am Libyschen Meer hat Charis zu sich selbst gefunden. Wer mit dem ruhigen, ausgeglichenen Mann redet, glaubt das sofort.

Mit missionarischem Eifer spielten die Mönche von Preveli sommers mit jungen Belgierinnen und Kanadierinnen *tavli*, aber nicht mehr lange: Nach dem Junta-Putsch blieben die meisten ausländischen Individualtouristen an der Südküste aus. Die Obristen holten übrigens die amerikanische Entwicklungsfirma Litton ins Land mit dem Ziel, der Südküste entlang eine Autobahn zu bauen und so die wilde Gegend für den Tourismus zu erschließen. Damit sollten auch die Hippies endgültig vertrieben werden. Einige von ihnen fanden sogar unverhofft einen Job: Der überzeugte Demokrat Elmar aus dem Sauerland, Matala-Hippie der ersten Generation, erteilte den amerikanischen Führungskräften Griechischunterricht und finanzierte sich so sein Studium der Neogräzistik an der Athener Universität. Auch wenn der promovierte Philologe heute die gediegene Hapimag-Anlage in Damnoni weiter westlich bevorzugt, schwärmt er noch immer von der unschuldigen Faszination des Genius Loci. »Da waren noch keine Drogen im Spiel, wir hatten Respekt vor den Einheimischen und sind auch nicht nackt am Strand herumgesprungen. Jeder von uns war ausgeprägter Individualist und unterwarf sich doch den ungeschriebenen Regeln der Gemeinschaft.« Das Leben war billig, mit zwanzig Drachmen am Tag, damals circa drei Deutsche Mark, kam man aus. Die Hauptmahlzeiten wurden von Frankiskos zubereitet: Omelett mit Käse, Omelett mit Tomate, Omelett mit Fritten, hauptsächlich. Hippies und Autochthone lebten in friedlicher Symbiose.

Geomorphologische und finanzielle Gegebenheiten haben das Autobahn-Projekt der Junta glücklicherweise verhindert. Doch in jüngster Zeit ist die unverbaute Küste wieder in die Schlagzeilen geraten. In der Nähe von Timbaki soll ein Import-Export-Großcontainer-Hafen entstehen, ein gigantisches Projekt mit einer Umschlagskapazität von einer Million Containern, was Griechenland zu einem Knotenpunkt der Weltschifffahrt voranbrächte. Die ersten chinesischen Delegationen waren schon vor Ort in Begleitung von Schifffahrtsminister Manolis Kefalogiannis, aber auch potenzielle Investoren aus Dubai und Südkorea. Eine im vergangenen Jahr gegründete Bürgerinitiative von Timbaki sowie die Stiftung Europäisches Naturerbe, welche die am feinen Dünensand der Messara-Bucht nistende Meeresschildkrötenart Caretta caretta bedroht sieht, konnten nichts ausrichten.

Wird dies das Ende der schroffen Einsamkeit der Südstrände, der archaischen Unberührtheit der Klippen am Libyschen Meer bedeuten? Noch gibt es den Zelt-, Individual- und Rucksacktourismus an den teilweise schwer zugänglichen Buchten von Ligres, Agios Pavlos, Triopetra, Lentas und Tsoutsouros – »and they're playin' that scratchy rock and roll/ beneath the matala moon« (Joni Mitchell) – wie lange noch?

Der Herr des Labyrinths

Knossos wird entdeckt

Rücken zwischen den Schenkeln
Poseidons Nacken von seinem Samen
umströmt:
Braut mit immer wechselnden Namen
Rheia Eileithyia Europa Britomartis
Pasiphae
Aber die Brüste entgegengereckt
Ihren Schoß geöffnet dem anderen
Schwebenden sich über sie wölbenden Gott
Im Stier treffen sich beide
für sie in derselben Gestalt

MARGARETE HANNSMANN,
Kreta I

Knossos: wippende bloße Mädchenbrüste über einer Wespentaille, ranke Jünglinge mit Damenfrisur, fliegende Delfine, Reigen und Tanz, so gefällig will es die Postkartenindustrie, und so liebt es der Tourist.

Arthur Evans, der Ausgräber von Knossos, der englische Schliemann, türmte den in den zwanziger Jahren des 20. Jahrhunderts erfundenen Stahlbeton auf, um die Palastanlage der Superlative sichtbar zu machen, sehr zur Freude der nachfolgenden Besucher: Er zog Zwischendecken ein, errichtete Treppen, befestigte Dächer, baute eigenwillig Stockwerke hoch, zögerte nicht, die Wände farbig von dem Schweizer Gilliéron in zeitgenössischer Jugendstil-Manier bemalen zu lassen, und schuf damit ein minoisches Pompeji zum Anfassen. Kühn krönte er den Palast mit dem Logo des Stierkults. Ein gigantisches Betonstirngehörn erinnert an den Zeusstier, der Europa entführte. An Pasiphae, die sich in einem von Daidalos gezimmerten Kuhgestell einem weißen Stier hingab und bei diesem Beischlaf den Minotaurus empfing. An den Stiermenschen, der im Labyrinth alle sieben Jahre attische Jungfrauen und Jünglinge verschlang, bis Theseus mit Hilfe des Ariadnefadens sich zum Ausgang zurückspulen konnte.

Unter Fachleuten ist Evans' spektakuläre Inszenierung bis heute höchst umstritten, doch hat es ihm die fotografierende touristische Nachwelt gedankt. War der Palast wirklich das Labyrinth, bloß weil er relativ verwinkelt ist, oder bedeutet Labyrinth nur Haus der Doppelaxt (labrys) nach den Dutzende Male im Palast eingeritzten Waffen? Aber vielleicht ist über die Unbekümmertheit, mit der Evans vorging, das letzte Wort noch nicht gesprochen – immer häufiger wird mittlerweile zwischen Indien und Irland, zwischen Afghanistan und Ägypten rekonstruiert statt archäologisch präpariert.

Um ein Haar hätte sich Heinrich Schliemann höchstpersönlich das eher unscheinbare Gelände zu eigen gemacht. Der Troja-Ausgräber hatte in dem 1883 erschienenen Buch des Leipziger Gelehrten Milchhöfer, »Anfänge der Kunst in Griechenland«, den prophetischen Gedanken gelesen, die Wurzel zur mykenischen Kultur sei auf Kreta zu finden. Doch Schliemann kam zu früh, erstmals 1886, noch regierten die Türken das Eiland und unterbanden die Ausgrabungen rund um den Hügel von Kephala. Zudem wurde Schliemann mit dem Besitzer des Geländes, dem kretischen Kaufmann und Altertumsforscher Minos (!) Kalokairinos, nicht über den geforderten Kaufpreis von zweitausendfünfhundert Olivenbäumen einig. Schliemann war bekanntlich selbst Kaufmann und entschied sich lieber für einen preisgünstigeren dreimonatigen Nilurlaub: »Ich habe mir ein schönes Schiff auf drei Monate gemietet. Die Kosten belaufen sich, inclusive Beköstigung, auf fast hundert Mark täglich; ich tröste mich aber in dem Gedanken, dass ich, wenn ich jetzt – wie es beabsichtigt war – in Kreta ausgrübe, das Dreifache ausgeben würde.« Drei Jahre später kam Schliemann noch einmal, doch wieder scheiterte der Deal an den hohen Forderungen des kühlen kretischen Rechners, der als der eigentliche Entdecker des minoischen Palastes von Knossos gelten darf. »Das Gut hat mehrere tausend Olivenbäume, ist aber schwer zu verwalten und wird kaum drei Prozent einbringen, da ich es dort nur mit Türken zu tun habe, mit denen sich schwer Nüsse knacken lässt.«

Aus dieser Zeit kurz vor der Ausgrabung gibt es einen spannenden Reisebericht über das verschwundene hellenistische Knossos, das als Grabstätte des aus der Mozartoper bekannten Kreterkönigs Idomeneus und des jüdischen Hohepriesters Kaiphas galt, der hier auf der Fahrt mit Pilatus gen Rom verstorben sein soll. Auch Chersiphron und Metagenes, die Architekten des Artemis-Tempels von Ephesus, einem der sieben Weltwunder der Antike, stammten aus der verschwundenen, malariabedrohten Stadt, auf deren spärlichen Resten 1886 der britische Reisende Charles Edwardes steht:

»Ich sprach von den ›Ruinen von Cnossus‹, und diese Wortwahl wird den Leser in Erwartungshaltung versetzen. Aber, in der Tat, man schmeichelt Cnossus, wenn man darüber spricht, als ob es mehr sei als ein Name, über den man Vermutungen anstellen kann. Ich schaute nicht aus nach dorischen Tempeln, wie dem Theseion oder dem Parthenon, oder nach faszinierenden Überbleibseln irgendwelcher Art. Aber es bleibt schwer nachzuvollziehen, dass eine Stadt, deren wunderschöne Münzen die weitverbreitetsten von Kretas Schätzen sind, und deren Ruhm in Kreta dem von Griechenland gleicht, vollkommen verschwunden ist. Grüne Gerste, gesprenkelt mit Tausenden großer roter Mohnblüten, bedeckt das geräumige beckenartige Territorium, das beansprucht, die Stätte der antiken Stadt zu sein. Es ist eine edle Lage für eine Siedlung. Die Hügel erheben sich rundherum, doch nicht so hoch, dass nicht Winde das Tal kühlen mögen ohne rau über es zu blasen. Gen Norden, jenseits seiner Grenzen, taucht das Land sanft ins Meer. Und der scharlachflankige Juchtas schaut über die Felsflanken im Südwesten. Einst wuchs hier sicher mehr Holz an den Hängen als jetzt. Denn die Türken haben immer Krieg entfacht gegen die Ölbäume in ihren rasenden und unvernünftigen Raubzügen gegen die einheimischen Christen; doch auch jetzt sieht man dunkle Gruppen und Silhouetten, welche die überlebenden Bäume der antiken Haine sind. Wie in der Antike gurgelt der silbrige Tethrys durchs Land, in einem Flussbett unterhalb des Ackerniveaus, so dass die schattigen Platanen, die hier an seinen Ufern wachsen, dem zufälligen Wandersmann nur ihre dicken buschigen Köpfe zeigen … hier läge eine lobenswerte Aufgabe für diejenige europäische Nation, welche zuerst in den Besitz von Kreta kommt – die Stadt Cnossus muss den Augen der Menschen statt der Maulwürfe zugänglich gemacht werden, und sie muss dahin gebracht werden, ein anderes Produkt als Gerstenbrot freizugeben.«

Mit einem vierkantig geschliffenen roten Cornelian fing alles an. Mr. Greville Chester, Reisender und Antiquitätenhändler, wurde mit dem Siegelstein, der seltsame Bildzeichen aufwies, bei der Direktion des Ashmolean Museums in Oxford vorstellig. Der Keeper, der damals achtunddreißigjährige Arthur Evans, zögerte nicht und kaufte sofort. Die Vermutung lag nahe, dass die seltsamen Hieroglyphen aus dem Alten Orient stammten, oder sollte es gar eine prähistorische griechische Schrift gegeben haben? Ein paar Jahre später erwarb Evans bei einem Antiquitätenhändler in Athen ganz ähnliche Siegel, angeblich von der Insel Kreta. Evans, der in Göttingen studiert hatte, wandte sich an zwei Kollegen, an Adolf Furtwängler vom Berliner Alten Museum und an den Altorientalisten Professor Sayce. Beide besaßen Abdrücke von Steinen mit derselben Bilderschrift, und alle Steine sollten aus Kreta stammen. Der ehrgeizige britische Direktor machte sich 1894 das erste Mal auf den Weg nach Kreta, durchstreifte die Insel, kaufte der ländlichen Bevölkerung Funde ab. Auf dem Dekolleté junger Mütter entdeckt er wiederholt minoische Siegelsteine, die die Trägerinnen Milchsteine nennen und von deren milchspendender Zauberkraft sie überzeugt sind. Evans war entzückt. Er stürzte sich mit Feuereifer in sein kretisches Abenteuer, auch um seine Depressionen zu vergessen. Denn seine geliebte Frau Margaret war ein Jahr zuvor gestorben. Auch Schliemann war mittlerweile vier Jahre tot.

Evans war nicht nur hervorragend ausgebildet, sondern er war als Erbe einer der florierendsten Papierfabriken Großbritanniens auch ausgesprochen vermögend. Er erwarb umgehend einen Teil des Geländes von Kephala, die Arbeiten mussten jedoch aufgrund der politischen Unruhen noch warten. Ein paar Jahre später wendete sich das Schicksal der Insel, und Kreta erhielt autonomen Status unter dem Protektorat der vier Schutzmächte Italien, Russland, Großbritannien und Frankreich. 1899 wurde erstmals ein Antikengesetz für Kreta formuliert und die notwendigen Voraussetzungen für eine Ausgrabung geschaffen. Evans kaufte kurzerhand den restlichen Teil des Geländes und ging fortan als der Entdecker der minoischen Kultur in die Geschichte ein.

Am 23. März 1900 begannen mit dem ersten Spatenstich die systematischen Ausgrabungen. Schon fünf Wochen später folgte die erste Sensation mit dem Fund eines Freskos. Bald darauf wurde ein kunstvoll gefertigter Thron aus Alabaster entdeckt, keine Frage, der älteste Europas. Eine Nachbildung des Minos-Throns schenkte Ministerpräsident Venizelos 1913 der Carnegie-Stiftung als Dekoration für den Friedenspalast in Den Haag, dem Gebäude des Internationalen Gerichtshofes. Schöner Hintersinn: In der antiken Mythologie galt Minos als Totenrichter in der Unterwelt.

Mehr als dreißig Jahre lang gräbt Evans in Knossos und legt über zwölfhundert Räume frei. Am faszinierendsten sind die Fresken – auf Kreta wurde zu Beginn der Altpalastzeit die Freskotechnik erfunden und zu Beginn der Neupalastzeit in die Levante exportiert.

Evans war betört von den Tanzszenen, von der heiteren Stimmung und Lage des unbefestigten Palastes von Knossos. Im Gegensatz zur hethitischen, dorischen oder ägyptischen Plastik mit ihren permanenten rüden Kriegsszenen schien hier an der Wiege der protogriechischen Kultur eine heitere, paradiesische Gegenwelt zu stehen. In Evans' bahnbrechender Grabungspublikation »The Palace of Minos at Knossos« (1921–36) wurde die minoische Kultur zum Beginn des Abendlandes verklärt, während ihre ägyptische und kleinasiatische Interdependenz fast völlig ausgespart wurde.

Denn das zweite vorchristliche Jahrtausend ist nicht nur auf Kreta das Zeitalter der großen Anaktora (Paläste). Man kennt sie auch aus Mesopotamien, Ägypten, Syrien. Schon diese Aufzählung zeigt: Die minoische Kultur bleibt stark dem Alten Orient verhaftet. Die minoischen Paläste waren Handelszentren, dies bezeugt auch die Einführung der kretischen Hieroglyphenschrift Linear A zu reinen Verwaltungszwecken. Doch gibt es keine eindeutig lesbaren schriftlichen Quellen über die minoisch genannte bronzezeitliche Hochkultur Kretas – die minoischen Schriftsysteme sind im Gegensatz zur mykenischen Linear B noch nicht befriedigend entziffert.

»Er ist nur auf Dinge aus, die im Museum toll aussehen, und dafür beschäftigt er über hundert Arbeiter ohne Aufseher. Zweimal am Tag läuft er herum und fragt die Männer – natürlich mit Hilfe eines Übersetzers! – was sie gefunden haben! Und wo! Es ist wahrscheinlich die unprofessionellste Ausgrabung aller Zeiten.«

So entrüstet sich sein Nachfolger John Pendlebury in einem Brief an seinen Vater. Tatsächlich prallen hier zwei Archäologengenerationen und Ausgräbermentalitäten aufeinander. Während Pendlebury schon ein Verfechter der modernen stratigrafischen Schichtgrabungen ist, geht es Evans um die spektakuläre Rekonstruktion der Vergangenheit, um die großen Bilder in der Seele. Da er die Ausgrabung als Privatmann auf seinem eigenen Grund und Boden finanziert, kann er mit vollem Recht die Methode bestimmen: »Der Palast von Knossos war meine Idee und mein Werk … meine Methode mag nicht die beste sein, aber es ist die Methode, nach der ich effektiv arbeiten kann …«

Tatsächlich war der wie ein Colonel wirkende schnurrbärtige Evans ein Gentleman-Patriarch, der sozialen Kontakt mit den Kretern weitgehend mied und grundsätzlich nur französischen Wein und Champagner trank. Auf die Kochkünste seines Dolmetschers wollte er allerdings nicht verzichten. Der reiche Erbe ließ sich von dem britischen Architekten Christian Doll die Villa Ariadne auf dem Ausgrabungsgelände errichten, in der er staatsmännisch Gelehrte und westeuropäische Prominenz und allenfalls einmal einen griechischen Konsul empfing. Auch sein slawophiles Engagement – er saß als junger Mann deswegen in einem österreichischen Untersuchungsgefängnis – dürfte in den Zeiten der Balkankrise zu einer gewissen Distanz gegenüber Griechenland geführt haben. Unvergessen ist die Episode, wie er straflos bei der Ausreise einen griechischen Zollinspektor demütigte, der es gewagt hatte, die Öffnung eines Paketes zu verlangen. Statt nachzugeben, schmiss der von König Georg V. geadelte Brite im tadellosen weißen Anzug das verschnürte Bündel mitsamt den Funden einfach ins ägäische Meer. Generell soll Evans über die Enosis (Vereinigung) Kretas mit Griechenland nicht sehr begeistert gewesen sein, wurde doch nun ab 1913 das strenge griechische Antikengesetz angewandt, welches nur noch den Export von Kopien erlaubte! Eventuell nachzuvollziehen ist, wie er, der die über hundert Grabungskräfte aus eigener Tasche bezahlte, in der Inflation angewidert abgegriffene Drachmenscheine zerschnitt und sich danach demonstrativ die Hände wusch. Dennoch liebte der egozentrische kurzsichtige Brite die Insel auf seine Weise und beschreibt in Briefen an seine Familie die Blütenpracht der Grabung von Knossos:

»Hier funkelt jede Trift heiter voller Zwergirisse, von blau bis malvenfarben, und buntfarbene Anemonen … der Garten ist reizend mit seinen wachsenden Palmen und einer Fülle von Rosen und Geißblatt. Die scharlachroten Granatäpfel stehen gerade in voller Blüte.«

In die Evans'sche Idylle, in den nostalgischen Traum eines friedvollen, heiteren minoischen Reiches, platzt 1979 die Entdeckung des griechischen Archäologen-Ehepaars Efi und Jannis Sakellarakis: Die beiden entdeckten auf dem Tell von Anemospilia am Fuße des Juchtas ein Gelass mit Skeletten, aus denen sich ein Jünglingsopfer rekonstruieren ließ. Auf dem Gerippe eines circa Achtzehnjährigen lag eine vierzig Zentimeter lange messerscharfe Steinklinge. Wurde dem jungen Minoer vom Hohepriester, dessen schmuckbehängte Knochen ebenfalls konserviert wurden, als menschlichem Sühneopfer und Göttergeschenk angesichts einer einsetzenden Erdbebenkatastrophe die Halsschlagader durchtrennt? Die Zusammenarbeit mit Anthropologen warf bestürzende Fragen auf: War es möglich, dass auch in Knossos im Anblick der Stierkampffresken und der hinreißenden »Pariserinnen« Menschen geopfert wurden? Klebte an der unbeschwerten Leichtigkeit des minoischen Seins etwa Blut, menschliches Blut? Beruht gar der Mythos der Menschenopfer, die die Athener jedes Jahr dem Minotaurus darbringen mussten, auf einer wahren Gegebenheit?

Der Fall des minoischen Reiches ging in zwei Schritten voran: um 1450 vor Christus wurden alle Siedlungen zerstört, außer Knossos, das erst dann seine größte Blüte entfaltete. Fünfundsiebzig Jahre später wurde auch Knossos zerstört, danach stand Kreta weitgehend unter dem Einfluss des Festlandes. Die gängige Lehrmeinung spricht von einem gewaltigen Seebeben, als der Vulkan von Thera-Santorin explodierte und die Hälfte Santorins regelrecht verschluckt wurde. Andere Wissenschaftler sprechen von einer vorsätzlichen Brandstiftung durch externe Angreifer, möglicherweise durch die Mykener im Verbund mit Königsstaaten der kleinasiatischen Küste.

Heute kann der Reisende überall in Kretas Höfen und Gärten die großen Vorratsgefäße (*pitharia*) fotografieren, die aufs Haar den antiken *pithoi* gleichen, mit deren Entdeckung einst Minos Kalokairinos den Knossos-Boom losgetreten hatte. Auch für künftige Archäologengenerationen gibt es noch Spannendes zu entdecken. So wartet die fünfundachtzig Zeichen umfassende minoische Linear-A-Schrift noch immer auf ihre endgültige Entzifferung. Vielleicht kann man ja eines Tages den gestempelten Spiraltext des Diskus von Phaestos lesen, den Tausende Touristinnen aus aller Welt als Kopie auf ihrem Dekolleté tragen.

Auf Messers Schneide

Kretas wilder Westen

> *Wann wird der Himmel wieder klar und wird es Februar werden?*
> *Dass ich nach meiner Flinte greif', dem schönen Schwert Patrona.*
>
> Risitiko-Lied,
> inoffizielle Hymne Kretas

Stylianos C. war zweiunddreißig Jahre jung, als er mit seinem dreijährigen Sohn Giorgos auf dem Traktor über seinen Acker nahe beim Dorf Jenna fuhr und vom Weg abkam. Sie fuhren nicht mehr weit, als die drei Schüsse in der Kurve fielen und den Vater gezielt von vorne trafen. Mörder und Opfer sahen sich eine Sekunde lang in die Augen, lange genug, um sich zu erkennen, dann war Stylianos C. tot. Der Täter blickte seinem Opfer ein zweites Mal tief in die Augen, streckte die Hand aus und tauchte den Zeigefinger in das Blut des Opfers. So blieb er regungslos stehen, bis ihn der Streifenwagen der Polizei abholte. Dem Mörder wurde vor dem Landgericht von Chania der Prozess gemacht, bewusst in einer anderen Präfektur, um die Objektivität der Richter zu gewährleisten. Auf dem Thoraxröntgenbild des Gerichtsmediziners waren die drei Schrotkugeln klar zu erkennen. Das Urteil lautete wegen vorsätzlichen Mordes erwartungsgemäß lebenslänglich, und nach fünfzehn Jahren vorbildlicher Führung im Gefängnis von Halikarnassos wurde der Täter auf freien Fuß gesetzt. Reue war ihm fremd, denn für ihn – übrigens einen angeheirateten Onkel des Opfers – war es selbstverständlich, seine Ländereien im Namen seiner eigenen Familie zu verteidigen. Das war sein Verständnis von *filótimo*, von Ehrgefühl und Stolz, von bedingungsloser Treue zu sich selbst, zu seiner Familie, seinem Clan, Werte, die es um jeden Preis zu verteidigen gilt. Er starb eines natürlichen Todes zehn Jahre später und liegt heute nur anderthalb Meter von seinem Opfer entfernt auf dem winzigen Gottesacker außerhalb der Ortschaft Jenna begraben. Der Heilige Onuphrios (englisch Humphrey), Helfer in der Todesstunde und Patron des gleichnamigen Kirchleins aus dem frühen 14. Jahrhundert, wacht über beide und vergibt den Seelen der Toten.

Waffen besitzt in Kretas rauer Bergwelt fast jeder, illegal versteht sich, die man auf Hasen und Turmfalken, und wenn nötig auch auf den verfeindeten Clan richtet. Von den rund eineinhalb Millionen nicht angemeldeten Waffen in Griechenland wird die Hälfte auf Kreta vermutet, dann kämen auf jeden Einwohner eineinhalb Waffen, vornehmlich Pistolen. Paten und Trauzeugen schenkt der Vater beziehungsweise Bräutigam in manchen Gegenden Westkretas gerne ein Messer zum Zeichen der Verbundenheit. Wer keine Waffen hat, greift auch zu Prügel und Mistgabel. So sieht man es auf den vergilbten Fotos, die todesmutige Bauern bei der Verteidigung gegen die Fallschirmspringer der Wehrmacht zeigen. Schon in der römischen Antike wurden die kretischen Söldner als besonders kampfesmutig gerühmt. Die Polizei ist machtlos und vorsichtig, denn in manchem kretischen Gerichtssaal kam es schon zu Racheakten mit tödlichem Ausgang.

In einem Land, in dem das Vertrauen in den Staat ohnehin gering ist, übt sich das Volk in einer Art Selbstjustiz. Das gilt vor allem für die ohnehin eigenwilligen Kreter und im Besonderen für die Bergregionen der Präfekturen Chania und Rethymnon, weniger für die Präfektur Herakleion und fast gar nicht für die Hochebene von Lassithi. Arbeitslosigkeit und Armut können als Ursache nicht herhalten, denn die gibt es anderswo auch. Selbst eine höhere Bildung, so fanden Soziologen heraus, schützt nicht vor illegalem Waffengebrauch.

Mit dem italienischen Wort »vendetta« bezeichnen die Kreter selbst einen Krieg, in dem in regelmäßigen Abständen Familienmitglieder verfeindeter Clans umgebracht werden. Mal geht es um die Ehre einer Tochter, mal um einen Zaun, der während der Abwesenheit eines Bauern um ein paar Meter versetzt wurde, mal um den weit verbreiteten Viehdiebstahl, immer aber um das Ansehen der Familie, das es zu verteidigen gilt, mit allen Mitteln, und notfalls eben auch mit der Waffe. Schon die heranwachsenden Jungen werden von ihren Vätern im Umgang mit Pistolen trainiert; man sieht es häufig an den zerschossenen Ortseingangsschildern, die als Übungszielscheibe dienen. Kein Fest ohne Pistolen. Je weiter der Abend vorangeschritten ist, je wilder die Musik erklingt, desto schneller ziehen die Männer die Revolver aus ihren Jacken, diese uralten kretischen Männlichkeitssymbole, und feuern Salven in die Luft. Manchmal geht ein Schuss daneben und die Patrone fällt ins Reis-*Pilafi* – oder trifft versehentlich oder nicht versehentlich einen Menschen. »Apagorevountai ta pistolia«, Pistolen verboten, liest man in den Vereinshallen der Dörfer häufiger auf den Hinweisschildern als »Rauchen verboten«.

Kretas wilder Westen ist nicht nur die berühmt-berüchtigte Region Sfakia im Südwesten der Insel, die stolze Menschen hervorgebracht hat, welche imstande waren, sowohl der venezianischen als auch der osmanischen Eroberung länger als anderswo zu trotzen. Kretas Schützen waren in vielen kriegerischen Auseinandersetzungen für ihre unerreichte Tapferkeit hoch geschätzt gewesen, als Freiwillige in den Balkankriegen und in der jüngeren Vergangenheit als heldenhafte Partisanen in der Schlacht von Kreta während des Zweiten Weltkriegs. Die unwegsame Bergwelt der Insel mit ihren lange voneinander isolierten Dörfern hat unbeugsame, mürrische Charaktere hervorgebracht, für die eine Nebensächlichkeit wie ein paar vom fremden Acker aufgelesene Birnen ausreicht, um eine Fehde weiterzuführen. Die Familie bestimmt den meist kinderlosen Täter, der sich seiner Pflicht nicht entziehen darf. Deshalb werden heranwachsende Männer nicht selten von ihren Eltern ins Ausland zum Studium und in die Obhut von Verwandten in den USA oder Australien geschickt, aus Angst vor der Vendetta.

Kreta hat über fünfzig Schluchten, die sich durch die Weißen Berge im Westen, das Massiv des Ida (Psiloritis) in der Mitte und durch das Dikti-Gebirge im Osten ziehen. Die drei Gebirgsstöcke haben sechzig Gipfel, die höher als zweitausend Meter sind. In abenteuerlichen Kehren ziehen sich die alten Eselspfade über die Bergketten. Sie dienten jahrhundertelang als die einzigen Verbindungswege, tagelang konnte so ein Ritt über die Passgebirge dauern. Die Schluchten können sich nach der Schneeschmelze in reißende Gebirgsbäche verwandeln, was sie unpassierbar macht. Stark erosive Niederschläge haben zu der einschneidenden Zerklüftung der Insel geführt, besonders eindrucksvoll in der Samaria-Schlucht, dem mit 16,3 Kilometer längsten Canyon Europas, wo das Gebirge fast tausend Meter tief eingeschnitten ist. Im verkarsteten Felsgestein haben Speläologen bis heute dreitausendfünfhundert, teils kilometertiefe Höhlen ausgemacht, von denen erst ein Bruchteil erschlossen ist. Sie sind Forschungsobjekt für Höhlenforscher aus aller Welt, für Archäologen und Kulturanthropologen – und neuerdings für die Polizei. Denn die Höhlen dienten in der Antike als Kultorte, im frühen Christentum als Zufluchtsort für Eremiten, andere als Hinterhalt für die Partisanen im Zweiten Weltkrieg, und heute werden sie gerne als heimliches Waffenarsenal genutzt.

Erst mit dem Tourismus kamen die Kreter ans Meer und eröffneten dort Tavernen und vermieteten Zimmer an Fremde. In der Sfakia, an der kargen, einer Steinwüste ähnelnden Südseite, sind es vor allem Backpacker auf der Suche nach dem Authentischen. Die Bergdörfer sind die eigentliche

Heimat der Kreter. Schon Euripides bezeichnet die Kreter als »Söhne des Ida«. Doch die Berge bieten außer der harten Arbeit in der Landwirtschaft, die mehr und mehr durch albanische Fremdarbeiter verrichtet wird, keine wirtschaftliche Existenz mehr. Wenn der *notias*, ein heißer Fallwind aus dem Süden, wütet, sind auch die Ernten zerstört. Durch die EU-weite Konkurrenz werden die Bauern gezwungen, sich nach Alternativen umzusehen und sind darin ebenso findig wie ihre Landsleute vom Festland. Vangelis aus Anogia ist hauptberuflich Schaf- und Ziegenhirt und im Nebenberuf Friseur für die umliegenden Dörfer. Die vergilbte Urkunde von L'Oréal, Succursale de Grèce, aus dem Jahr 1952 bescheinigt – auf Französisch – sein Können. Was darauf steht, kann er nicht lesen, aber er beherrscht seine Kunst, und das ist es schließlich, was zählt. Sein Salon mit der Einrichtung aus den Fünfzigern hat Hochbetrieb vor den hohen Feiertagen, vor allem am 14. August, wenn sich das Dorf füllt. Gleich neben dem großen Spiegel sind die Milchkanister aufgereiht. Der Duft von Rasierschaum vermengt sich mit dem der fetten Ziegenmilch. Es mache keinen großen Unterschied, Schafe oder bärtige Vollblutkreter zu scheren, meint er lachend.

Reich ist im Dorf keiner geworden. Viele sind deshalb ausgewandert, die Mehrzahl nach Athen, einige nach Übersee. So gab es beispielsweise um 1935 sechzig griechische Familien in Lourenço Marques, dem heutigen Maputo, der Hauptstadt Mosambiks, die meisten stammten aus Kreta. Eine davon ist die von Michalis Perantonakis, der die erste Brauerei Mosambiks, die »Cerveja Lorentina«, gründete, was ihn im Süden Afrikas berühmt und reich machte. Wie die meisten seiner Landsleute ist er nach der Unabhängigkeit der früheren portugiesischen Kolonie zurückgekehrt und hat sein verfallenes Elternhaus wieder aufgebaut. Nicht wenige dieser Auswanderer sind Vendetta-Flüchtlinge. Wie schwierig es ist, sich nach der Rückkehr in der Heimat dem ungeschriebenen Gesetz der Blutschuld zu entziehen, hat die kretische Erfolgsautorin Ioanna Karystiani eindrucksvoll in ihrem Roman »Schattenhochzeit« geschildert: »Die Frage war nicht mehr, wer tötet, sondern wer es vermag, nicht zu töten.« Und: »War es besser, die Mutter eines Getöteten oder die Mutter eines Mörders zu sein?«

Frauen und Übermenschen

Kretische Literatur

> *Geliebt von einer großen Leserschaft und missachtet von den offiziellen Kritikern, da alle Schriftsteller, die gelesen werden, verdächtig sind.*
>
> VASSILIS VASSILIKOS

»Anthropoi kai yperanthropoi« – Menschen und Übermenschen – so nannte Nikos Kazantzakis' erste Frau Galatia Alexiou den Schlüsselroman, mit dem sie die Scheidung ihrer Ehe aufarbeitete. Nikos war mit der jungen, angebeteten Eleni Samiou nach Lendas an der Südküste gefahren: »Genossin, das Leben ist doch wunderbar. Sie kommen jetzt nach Kreta! Zusammen werden wir die teure Insel sehen, zusammen am Ufer des Libyschen Meeres sitzen, Afrika gegenüber! Kommen Sie schnell! Die Trauben, die Feigen, die Birnen, die Melonen – Homer, Buddha, unsere beiden Herzen – die herrlichen ersten Regenfälle – alles ist reif, ist bereit, ist großartig, Genossin!« Die Strandpension scheint weder über Betten noch Bettwäsche verfügt zu haben, doch dadurch schien sich das frischverliebte Paar nicht stören zu lassen. Angeblich sollen sich die beiden Nacktbadenden zehn Tage lang in einer lauschigen Höhle gegenseitig nur vorgelesen haben, die Klassiker hauptsächlich: die »Ilias«, Goethes »Iphigenie«, Aischylos und Tschechow. Galatia beharrte darauf, nicht wie die naive Eleni dazu geschaffen zu sein, so einem Literaturgötzen zu huldigen.

Mag sein, dass es heute vielen Kretern, Griechen oder lesewilligen Touristen ebenso geht. Kazantzakis ist ein literarischer Koloss (mit einem Epos aus 33.333 Versen macht man sich nicht nur Freunde), ein Monument, an dem man schwer vorbeikommt, der einzige wirklich international bekannte neugriechische Schriftsteller. Dem vielgereisten Heraklioten sind in Büchern wie »Griechische Landschaften« wunderbar dichte Impressionen der Natur gelungen: »Wohin ich auch gehe, wo ich auch bin, halte ich zwischen den Zähnen wie ein Lorbeerblatt Griechenland.«

Aber dabei verdeckt der Ruhm des Filmes »Alexis Zorbas«, die schauspielerische Urgewalt von Anthony Quinn und Irene Pappas, die Musik des Halbkreters Mikis Theodorakis, die zur gefühlten Nationalhymne Griechenlands geworden ist, in der öffentlichen Wahrnehmung fast völlig den dahinterstehenden Dichter. Der hat es weder den Kretern noch seinen Lesern leicht gemacht – irgendwie steht er wie ein erratischer Block, wie ein Pflichtprogramm über der kretischen Literatur. Ein Vielbegabter, der höchst widersprüchliche Signale aussandte, der ebenso patriotische Räuberpistolen wie »Freiheit oder Tod« auf den Markt warf wie philosophische Vergleiche zwischen den Weltreligionen.

Kazantzakis war ein Haderer, ein Sucher, ein Egoist, der Gott in einer Art Duell verwarf und finden wollte, dazu ein Freigeist, Kommunist und zugleich unermüdlicher Reisender. Kazantzakis' Themen sind ebenso aber auch immer wieder das Faszinosum Macho, das ihn als den intellektuellen Kreter offenbar magisch anzog. Und dann ist da noch »Alexis Zorbas«, dieser Roman, wo ein feiger Engländer mit kretischen Ahnen fast achselzuckend darüber hinweggeht, dass man eine Witwe bloß deswegen viehisch abschlachtet, weil er mit ihr geschlafen hat. Kreter unter sich: Wohlgemerkt hat nur der makedonische Titelheld Alexis Zorbas den Mumm, unter Einsatz seines Lebens gegen den Mord zu kämpfen. Aber Kazantzakis scheinen weder Frauen noch Gerechtigkeit wirklich wichtig zu sein, sondern nur das archaisch blutige Ritual, der dionysische Rausch einer tanzenden Männerfreundschaft, das Stampfen des *Sirtaki*.

»Ich fürchte nichts, ich hoffe nichts, ich bin frei«, steht auf zahlreichen T-Shirts und auf dem Grabstein des in Freiburg im Breisgau gestorbenen Weltenbummlers auf der Martinengo-Bastion, in der Heimat des Schriftstellers.

Sollten sich auch Kreta-Leser von der Last dieses literarischen Erbes frei machen und nach Frischem, Unverbrauchtem greifen? Im Schatten des Altmeisters ist nämlich längst eine Generation hervorragender Erzähltalente herangewachsen; das wahre Geheimnis der modernen literarischen Welt Kretas sind die schreibenden Frauen, die einen neuen Blick auf die Insel der Macho-Mythen werfen und erlebte Geschichte aus ihrer Warte erzählen. Galatias Schwester, die kritische Kazantzakis-Biografin Elli Alexiou, schreibt selbst. Die Erzählung

»Ibrahim Babas Brunnen« setzt sich mit dem multikulturellen Miteinander in Herakleion zu Beginn des 20. Jahrhunderts und der Umsiedlung der muslimischen Bevölkerung in Folge des Lausanner Vertrags auseinander. Auch Lily Zografou hat eine entwaffnend-entmythologisierende Analyse von Kazantzakis' Werk verfasst (»Kazantzakis, eine tragische Gestalt«), die zwei Jahre nach dem Tod des Landsmanns dessen komplexe Beziehung zum Vater und die daraus resultierende (so Zografou) gestörte Sexualität untersucht. Zografou, die auflagenstärkste kretische Autorin (ihr Roman »I agapi argise mia mera«, deutsch: »Die Frauen der Familie Ftenoudos«, wurde für das Fernsehen verfilmt) hat sich in ihren Werken immer wieder für den Kampf der modernen Frau um Freiheit und Unabhängigkeit engagiert – und blieb dabei eine überzeugte Antifeministin: »Ich habe mich nie weit von den Männern entfernt gefühlt, die Männer besaßen nichts, was ich mir nicht genommen habe, wenn ich es haben wollte.«

Die große unvergessliche Vorkämpferin für die Rechte der Töchter Griechenlands ist Kallirhoe Parren, geboren 1859 in Platania im Kreis Amari. Sie gründete das erste Damenjournal Griechenlands *Ephimeris ton Kyrion* und boxte die erste Zulassung einer Studentin an der Athener Universität durch. Diese wurde von ihren Kommilitonen in der medizinischen Fakultät jedoch so sehr belästigt, dass sie bald darauf Selbstmord beging. Für Parren ein Grund, umso entschiedener für die Sache der Frauen zu kämpfen! Auf Parren geht auch das »Lykeion ton Ellinidon«, das 1911 gegründete

Lyzeum der Griechinnen zurück, heute die angesehenste Tanzschule Griechenlands (die mittlerweile auch Männer aufnimmt), die Niederlassungen in Atlanta, Paris und London unterhält. Das Wahlrecht für die Frauen hat Parren nicht mehr erlebt: Erst seit 1957 dürfen alle Griechinnen wählen, nicht nur die Gebildeten unter ihnen.

Noch ist keine Anthologie der kretischen erzählenden Literatur erschienen, ein Desiderat auf dem Literaturmarkt. Eine Sammlung der kretischen Literatur würde die Renaissance in besonderer Weise berücksichtigen, aber auch die mündliche Erzähltradition, die sich insbesondere in den *mantinades*, den kretischen gesungenen Vierzeilern, erhalten hat, und sich schließlich der Generation von Nikos Kazantzakis und Pantelis Prevelakis widmen. Drei erfolgreiche zeitgenössische Kreterinnen dürfen nicht unerwähnt bleiben: Da ist zunächst Ioanna Karystiani, der Shooting Star des griechischen Literaturbetriebs der vergangenen Jahre, die das Geschehen ihres zweiten Romans »Schattenhochzeit« in ein kretisches Bergdorf verlegt und das ungeschriebene Gesetz der Vendetta verfolgt. »Es gibt in diesem Roman zwei Hauptfiguren, die den gleichen Vor- und Zunamen haben: die beiden Vettern Kyriakos Roussias Nummer 1 und Kyriakos Roussias Nummer 2. Der erste kommt nach achtundzwanzig Jahren zurück nach Kreta. Er war vierzehnjährig von seiner Familie zu seiner Patentante in die USA geschickt worden, um dem Zwang der Blutrache zu entrinnen. In den USA war er ein sehr tüchtiger und erfolgreicher Wissenschaftler geworden. Aber er dachte an seine Familie und beschloss, sein Geburtsdorf und das Grab seines ermordeten Vaters zu besuchen. Als er im August 1998 zurückkehrt, steht er seinem Vetter gegenüber, jenem anderen Kyriakos Roussias, der in der Hochzeitsnacht seinen Vater getötet hat. Sieben Tote vereinen und trennen diese beiden Kyriakos Roussias«, so gibt Karystiani selbst den Plot ihres Verkaufsschlagers wieder. Sodann Rhea Galanaki, deren poetische Strahlkraft in ihrem Werk »Das Leben des Ismail Ferik Pascha« zum Ausdruck kommt. Dies ist auch der erste griechische Roman, der es in die UNESCO-Reihe repräsentativer Literaturwerke geschafft hat, zu Recht! Maro Douka war von diesen drei Frauen die Erste, die ins Deutsche übersetzt wurde (»Die schwimmende Stadt«). Aber erst in ihrem vorläufig letzten Roman »Unschuldige und Schuldige« setzt sie sich mit der kretischen Heimat auseinander: Der mittlerweile in London lebende türkische Journalist Arif Kaourzante begibt sich 2002 auf Spurensuche nach Chania. Anhand von Tagebuchaufzeichnungen seines Großvaters und seines Vaters, die 1923 die Insel verlassen mussten, erschließt sich ihm die moderne Stadt. Die Vergangenheit durchdringt die Gegenwart. Das Buch der Griechin, geschrieben aus Sicht des Türken, erfuhr bereits im ersten Monat drei Auflagen und wird in Griechenland und türkisch-griechisch-zypriotischen Chatrooms kontrovers diskutiert. 2006 erhielt Douka für dieses Werk den Balkanika-Preis für Literatur.

Ein Dorf verschwindet

22. August 1944

Auf dem Feld von Ajiá hört' ich Schreien und Weinen
Was ist das für ein Trauern hier, für eine Totenklage?
Mütter weinen um ihr Kind, um ihren Mann die Witwen,
um ihre Brüder die Geschwister und die Kinder um den Vater

Volkslied

Das Datum hat sich eingegraben, es steht auf den in der Sonne gleißenden Marmorstelen an den Ortseingängen, an den einfachen Häusern, auf unzähligen Gräbern. Vor allem aber in den Köpfen der Menschen hier, am Kedros in tausend Meter Höhe. Es sind die Überlebenden, die die Erinnerung wach halten. Die wenigen verbliebenen Augenzeugen von damals, Angehörige von Opfern, der Klerus, die Kommunalpolitiker. Jedes Jahr finden am 22. August Gedenkfeiern statt, abwechselnd in den acht Dörfern des Kedros-Gebirges, durch das am Dienstag, dem 22. August 1944, Hitlers Schergen zogen. Der Tod in Gestalt von etwa hundertfünfzig leicht bewaffneten Soldaten tauchte im Morgengrauen in Afrate auf und zog von dort zu Fuß weiter Richtung Kedros-Dörfer. Der Tod zog durch den für seine Kirschen auf ganz Kreta berühmten Ort Gerakari und kam durch Gourgouthi, Kardaki, Smiles, Vrysses, Drigies, Ano Meros und Krya Vrisi. Acht Tage lang brannten die deutschen Besatzer die Dörfer ab. Dörfer, deren Namen kaum einer kennt und die doch in einem Atemzug genannt werden müssten mit dem französischen Oradour-sur-Glane, dem italienischen Sant'Anna di Stazzema oder dem tschechischen Lidice. Es sind Orte, die von SS-Verbänden zur brutalen Vergeltung von Partisanentätigkeit eingeäschert wurden. Die deutschen Besatzer folgten dabei dem Prinzip der kollektiven Verantwortung. Der Großteil der Zivilbevölkerung, das heißt in diesem Fall die männlichen Bewohner ab sechzehn Jahren, wurde zur Vergeltung antideutscher Gewalttätigkeiten herangezogen und getötet, in den Kedros-Dörfern insgesamt hundertvierundsechzig Menschen. Liest man die Namen auf den Mahnmalen, wird schnell deutlich, dass ganze Familien ausgelöscht wurden, so in Gerakari zehn Mitglieder der Familie Kokonas und jeweils sechs Mitglieder der Familien Koutelidakis und Tatarakis. Die Frauen und Kinder wurden in Gefangenschaft auf die Fortezza nach Rethymnon gebracht. Wem es gelungen war zu fliehen, der fand Unterkunft in anderen Dörfern. In den Kedros kehrten die Überlebenden erst im Frühjahr 1945 zurück, bauten ihre Dörfer neu auf und versuchten, ein neues Leben zu beginnen.

Kaum ein Tourist verirrt sich hierher. Was gäbe es auch zu sehen? Hier sind keine Sehenswürdigkeiten, keine berühmten Kirchen, keine schönen Bauten und schon gar keine, die älter als sechzig Jahre alt wären. Allenfalls der wunderbar schattige Platz unter der riesigen Platane in Ano Meros lädt zum Verweilen ein. Die Platane muss bereits die deutschen Soldaten beeindruckt haben. Doch der Weg hierher ist beschwerlich. Ich begebe mich dennoch auf Spurensuche nach dem niedergebrannten Dorf namens Smiles.

Tasächlich ist das Dorf auf meiner Karte verzeichnet. Aus der Ferne, von Meronas kommend, kann ich linker Hand graue Häuserruinen ausmachen. Doch erst mal verfahre ich mich und gelange nach Vrysses. Dort kennt jeder den alten Weg in das verlassene Dorf, selbst der neunjährige Junge, der nie einen Bewohner aus Smiles gekannt hat. Denn dort unten ist ein fruchtbares Tal, durch das der Ligiotis fließt und die Olivenhaine und Felder der Vryssioten bewässert. Die Natur hat über die gewaltsame Zerstörung durch den Menschen gesiegt.

Ein bequemer Schotterweg führt von der Straße ab und geradewegs auf Smiles zu. Vier, fünf Häuser, zusammengedrängt, sind heute noch auszumachen, mehr nicht. Jetzt wachsen Feigenbäume, kretische Eschenwurz und strauchiges Hasenohr aus den Fundamenten. Ein idealer Rastplatz für Schlangen. Ich verhalte mich vorsichtig. Nichts verweist auf die zuletzt über vierzig Bewohner des Dorfes. Der Himmel ist azurblau, die Sonne steht hoch. Kein Ton ist zu hören außer dem Zirpen der Grillen. Der Friedhof wird offenbar noch genutzt, die neuesten Gräber sind aus den neunziger Jahren des letzten Jahrhunderts. Von den Opfern des Vernichtungszuges keine Spur auf dem Gottesacker. Sie wurden in Zweiergruppen am

22. August 1944 hinauf nach Vrysses gebracht und dort gegen Mittag erschossen. Insgesamt dreißig Männer. Ihre Leichen wurden verbrannt, zurück blieb nur ihre Asche. Am nächsten Tag wurden auch die Dörfer in Brand gesetzt.

Ich stoße die Kirchentür auf, es ist ein kleines byzantinisches Kirchlein, wie man es hier oben oft vorfindet. Das Dach ist mit einer Plastikplane gegen die Witterung nur notdürftig geschützt, im Inneren überall Schimmel und Feuchtigkeit. Zu meiner Überraschung sind die Fresken aus dem 13. Jahrhundert hervorragend erhalten. Das letzte Abendmahl, griechisch das »geheimnisvolle Mahl«, sticht als Erstes ins Auge. Die Blicke der Apostel sind eindringlich auf Christus gerichtet. Jede Eucharistiefeier in der orthodoxen Kirche ist Vergegenwärtigung des Opfertodes Christi und seiner Auferstehung. Ein ganzes Dorf hat daran geglaubt.

Dem deutschen Vernichtungszug durch den Kedros ging eine der spannendsten und abenteuerlichsten Entführungen des Zweiten Weltkriegs voran. In einer tollkühnen Nacht-und-Nebel-Aktion gelang es einem Sonderkommando der Special Operation Executive SOE, bestehend aus den in deutsche Uniformen gekleideten britischen Offizieren Leigh Fermor und Moss, den deutschen Oberbefehlshaber und kommandierenden General der 22. Infanteriedivision, Generalmajor Heinrich Kreipe, zu entführen. Der englische Major, der durch zahlreiche Griechenland-Bücher bekannt gewordene zweiundneunzigjährige Reiseschriftsteller Patrick Leigh Fermor, sprach perfekt Neugriechisch und war deshalb für die Aktion von der SOE ausgewählt worden. Er versammelte einige kretische Partisanen und lauerte in Gestapo-Uniform in einem Straßengraben in der Nähe von Knossos dem Wagen Kreipes auf. Eigentlich hatte die Aktion dem Vorgänger Kreipes, General Müller, gegolten, der wegen seiner großen Härte gegen die Bevölkerung besonders verhasst war. Müller war jedoch abberufen worden, der Plan wurde nicht mehr rückgängig gemacht, und so traf es den erst seit fünf Wochen amtierenden Kreipe, einen humanistisch gebildeten älteren Offizier aus Hannover. In der Nacht des 26. April 1944 stoppten die britischen Offiziere mit vier Kretern Kreipes Wagen auf dem Weg von Archanes zu Kreipes Herberge in der Villa Ariadne, der Ausgrabungsvilla von Knossos. Es kam zu einem Handgemenge, der General und sein Chauffeur wurden überwältigt. Leigh Fermor setzte sich die Generalsmütze auf, nahm auf dem Beifahrersitz Platz, während Moss das Steuer übernahm und Kreipe hinten auf dem Boden des Wagens festgehalten wurde. In Kreipes Auto fuhren sie durch das nächtliche Herakleion, kamen an zweiundzwanzig Sichtkontrollen vorbei, und als der einzige Posten auf dieser Strecke den Ruf »Generalswagen!« hörte, ließ er sie anstandslos passieren. Dann flohen sie in die Berge und ließen den Wagen zurück mit einem Brief Fermors: »Wenn Sie diesen Wagen finden, meine Herren, ist Ihr kommandierender General als ein ehrenhafter Gefangener auf dem Weg nach Libyen.« In der Botschaft wurde auch betont, Kreipe sei ausschließlich von einem britischen Kommando entführt worden, die zivile Bevölkerung habe damit nichts zu tun. Damit wollte man Vergeltungsmaßnahmen abwenden, eine falsche Hoffnung, wie sich später zeigte. Doch bis an die afrikanische Küste war es noch weit, kreuz und quer zogen sie achtzehn Tage durch Berge und Schluchten und vertrieben sich die Zeit mit dem Rezitieren altgriechischer Verse, auch durch den Kedros kamen sie und fanden dort Unterkunft. Dieser Husarenstreich und die Unterstützung der erstarkten Partisanen-Bewegung wurde den Kedros-Dörfern Monate später zum Verhängnis.

Giorgos Psychoundakis, der bekannteste der vielen kretischen Helfer der englischen Verbindungsoffiziere, hat die Geschichte der deutschen Besatzung Kretas aus seiner Sicht nach dem Krieg niedergeschrieben und das Manuskript Leigh Fermor anvertraut, der es ins Englische übersetzte. »The Cretan Runner« ist auch heute noch eine lesenswerte Dokumentation. Der Titel leitet sich ab von Psychoudakis' Eigenschaft als Meldegänger: Wie so viele andere kretische »Läufer« legte er gewaltige Fußmärsche im unwegsamen Gelände zurück und begleitete Agenten in Verstecke. Der Philhellene Leigh Fermor wird von manchem Griechenlandkenner als der Byron des 20. Jahrhunderts bezeichnet – heute lebt er auf der südpeloponnesischen Mani, wo er die Asche des Freundes und Reiseschriftstellers Bruce Chatwin vergrub.

Ein offizieller Vertreter der Bundesrepublik hat noch an keiner der Gedenkfeiern im Kedros-Gebirge teilgenommen. Berührungsängste? Seit Johannes Rau dem peloponnesischen Ort Kalavryta im April 2000 als erster Bundespräsident Deutschlands einen Besuch abstattete und dort betonte, dass er für die Verbrechen der deutschen Besatzer große Trauer und tiefe Scham empfinde, ist die Deutsche Botschaft Athen besonders um den Dialog in diesem dunkelsten Kapitel der deutsch-griechischen Beziehungen bemüht. Die deutschen Botschafter haben an mehreren Orten auf Kreta Reden gehalten und zur Versöhnung aufgerufen. Am deutschen Soldatenfriedhof Maleme hielt Botschafter Schultheiß im Mai 2006 anerkennend fest: »Wir leben in einem Land, das Opfer der Aggression Hitlers geworden ist, sich heldenhaft gewehrt und einen hohen Blutzoll gezahlt hat.« Das Kedros-Gebirge hat noch keiner besucht, aber es ist von den Kommunalpolitikern auch noch keiner auf die Idee gekommen, einen offiziellen Vertreter Deutschlands zu den jährlichen Gedenkfeiern einzuladen.

An diesem Vorabend, am 21. August 2006, nehmen die lokalen Würdenträger und das Volk auf weißen Plastikstühlen unter der riesigen Platane von Ano Meros Platz. Nachgespielt wird die Stunde null der Kedros-Dörfer. Auf eine Leinwand wird ein eigens produzierter Dokumentarfilm projiziert. Schwarz-Weiß-Aufnahmen der zerstörten Dörfer, Porträtfotos von Männern in ihren besten Jahren und reihenweise die Namen der Toten wechseln einander ab. Dazwischen immer die Gedenkstätten in den Dörfern, Stelen, kleine Ikonostasia, Mahnmale. Zum Schluss wird ein Bild von Botschafter Spiegel eingeblendet mit einem Zitat aus einer Rede von 2005, die der in Griechenland sehr geschätzte Diplomat in Anogia, das ein ähnliches Schicksal wie die Kedros-Dörfer erlitten hat, gehalten hat: »Es ist mir bewusst, dass es sehr schwierig ist, die Entschuldigung anzunehmen.« Bei einem Besuch Spiegels auf Kreta hatte kurz zuvor der Blitz, die Waffe des Zeus, ein Nazidenkmal zerstört. Keiner war auf die Idee gekommen, den Marmor-Adler in all den Jahren zu beseitigen. Man respektierte eben auch die andere Seite. Die Musik der Lyra durchbricht schließlich das Schweigen.

Diogenes in der Tonne

Ein Hundeleben

Hirsutae fremunt Cressae
Struppige Kreterhündinnen knurren
CLAUDIAN (4. Jh. n. Chr.),
De consolatu Stilichonis III.300

Jeder kennt Europa, die phönizische Königstochter, die von Zeus in schneeweißer Stiergestalt durch die Fluten entführt und auf Kreta geschwängert wurde: Krethi und Plethi im Liebesspiel (die hebräischen Namen gehen vermutlich auf Kreter und Palästinenser zurück)? Nach der Geburt ihrer drei Söhne Minos, Rhadamanthys und Sarpedon wurde Europa in eine langweilige Ehe mit dem Sterblichen Asterios abgeschoben. In solchen Situationen pflegen Kavaliere sich mit einem Abschiedsgeschenk zu revanchieren – in diesem Falle wählte Zeus für die tierverliebte Stammmutter des Kontinents einen Hund. Wenn Götter schenken, dann natürlich gleich einen Wunderhund. Das Hündchen trug den japsenden Namen Lailaps und besaß die magische Gabe, jedes Tier zu erjagen. Außerdem scheint es die Gnade der Unsterblichkeit besessen zu haben. Als jedenfalls eine Generation später Minos, mittlerweile zum machtvollen König von Knossos herangewachsen, neben vielen anderen auch die attische Prinzessin Prokris zu einem Seitensprung verführte, gab er ihr ganz in der Kavalierstradition seines Vaters den immer noch rastlosen Lailaps mit. Ein Glück für Prokris, denn der Besitz dieses kretischen Hundes ließ ihren jagdnärrischen Ehemann Kephalos beide Augen zudrücken – schließlich geht Jagd vor Frauenjagd. Wenn der unsterbliche Lailaps heute nicht mehr durch Hellas hetzt, so ist das dem Eingreifen des Zeus zu verdanken. Der unfehlbare Lailaps wurde nämlich auf die unjagbare Füchsin von Teumessos gehetzt, und der Göttervater wusste sich nicht anders zu helfen, als beide Wundertiere in Stein zu verwandeln.

Dieser Lailaps gilt als Stammvater der Molosserdoggen: Die gefürchteten antiken Kampfhunde (einen sieht man auf dem berühmten Cave-Canem-Mosaik in Pompeji) waren darauf spezialisiert, gegnerische Reiterschwadronen zu attackieren und den Pferden die Fesseln durchzubeißen. Fast alle modernen Kampfhunde wie Mastiff oder Mastino sind Weiterzüchtungen aus dem Erbe des mythischen kretischen Europa-Hundes. Wenn Lailaps auch in seinem kretischen Geschlechtsleben sich halbwegs seine promiskuitätsfreudigen Herrchen zum Vorbild genommen hat, dann müsste der in Cambridge ausgebildete Esquire Robert Pashley recht haben, der 1837 in seinen »Travels in Crete« die kretischen Hunde allesamt als Nachfahren antiker Tiere bezeichnet.

»Als wir uns dem Kloster näherten, wurden meine Ohren von dem lauten Gebell mehrerer Hunde begrüßt: Sie zeigten auch eine geraume weitere Zeit, als wir uns schon unter ihnen niedergelassen hatten, ihre Abneigung für Fremde, die

Kleider trugen, an die sie so wenig gewöhnt waren. Diese kretischen Hunde sind nicht so wild wie die albanischen, wo die antike molossische Rasse sich in aller Reinheit erhalten zu haben scheint, zur großen Beschwerlichkeit für europäische Reisende. Die kretischen Hunde gehören alle einer Rasse an und sind typisch für die Insel. Tournefort nennt sie lévriers bâtards – Windhundbastarde. Sie sind kleiner als Windhunde und haben einen längeren und raueren Haarpelz: Ihr Kopf gleicht dem eines Wolfes: Sie verfolgen ihr Jagdwild nach dem Geruch und sind sehr pfiffige Tiere, in jeder Hinsicht eher dem Lurcher als dem Windhund gleichend. Ich hege nicht den geringsten Zweifel, dass diese Hunde die undegenerierten Nachfahren der von den antiken Autoren gerühmten Hunde sind.«

So hatte Xenophon den kretischen Hund neben dem lakonischen als den besten Hasenjäger der Welt gerühmt. Adjektive wie *parippos*, der mit dem Pferd Schritt hält, und *diaponos*, der den Schmerz überwindet, zeichnen ihn aus. Kynologen haben ihn längst bestimmt, den Kritikos Ichnilatis, den langbeinigen, muskulösen kretischen Spürhund mit langem Fang. Da er aber nicht nur mit der Nase, sondern auch mit den wachsamen Augen jagt, ist die Bezeichnung Spürhund nicht ganz korrekt, weshalb die Züchter ihn als Kritikos Lagonikos bezeichnen, als kretischen Hasen(jagd)hund.

Schon minoische Fresken und Tonfiguren zeigen schlanke windhundartige Geschöpfe, die geschmeidig herumtollen oder wachsam dasitzen. Etwa den berühmten minoischen Hund von Mochlos im Museum von Herakleion. Doch trotz aller noblen Stammbäume, Kretas moderne Hunde werden nicht verehrt, sondern teilweise so lieblos behandelt, dass sich mittlerweile im Amtszimmer des deutschen Botschafters in Athen Beschwerdebriefe entrüsteter deutscher Touristen wegen Tierquälerei auf Kreta stapeln. Sicher, vieles ist relativ. Natürlich gibt es jede Menge kretischer Hunde, die noch Hunde sein dürfen, als Jagdbegleiter durch die Phrygana streifen oder heiter kläffend einträchtig mit Schafen, Bergziegen und den Hirten des Psiloritis die gesunde Luft der Gipfel schnuppern. Auch müssen sich kretische Hunde sicher nicht mit dem Mami-Papi-Komplex Ersatzbefriedigung suchender kontaktgestörter Herrchen und Frauchen herumschlagen, aber dafür führen viele ein liebloses Kerkerleben. Nicht selten sieht man lebenslang an der Kette schmachtende Hunde mit wundgescheuertem Hals, denen allenfalls eine rostige Tonne Schatten bietet. Schließlich verdanken die meisten kretischen *skyloi* ihre Existenz ihrer Rolle als knurrende Wachhunde, die übrigens im Neugriechischen den Belllaut von γαφ-γαφ, ausgesprochen »rafraf« von sich geben. Und so einen Wachhund macht man am schnellsten kirre, scharf und aggressiv, indem man ihn an der Kette, die in Kreta meist kürzer als drei Meter ist, hält und ihm das Essen entzieht. Ein Leben auf zwei Quadratmetern. Trübes, fliegenverseuchtes Wasser aus dem ölverschmierten Benzinkanister, brackig von der Sonnenhitze, vergorener *Trachanas*-Brei – so sieht die Kreta-Diät für viele Hunde aus. Übrigens, nur in Ausnahmefällen haben heutige kretische Hunde einen Namen, wie die zwei Dalmatinerdoggen Dandolo und Aretusa, die im privaten Renaissancegarten von Herrn Minos H. bei Chania zwischen Buchsbäumen und Hundsrosen herumtollen. Doch wenn Hunde keinen Namen haben, haben sie auch keine Seele, sind nicht des Menschen bester Freund und deswegen misshandelbar wie Dinge.

Historisch gesehen ist der rüde Umgang mit den Hunden auf Kreta seit den Osmanen Tradition. Der von Pashley erwähnte Franzose Tournefort notiert 1701: »Während unseres Dienstes hatten wir einen kretischen Hund, der manchmal in abgelegenen Gegenden für unseren Lebensunterhalt sorgte, indem er uns Hasen oder kleine Schweine fing. Er hatte eine solche Abscheu vor Menschen, die einen Turban oder Fez trugen, dass er sich in eine Ecke der Vorratskammer des Hauses unseres Konsulats zurückzog, wo er ruhig wartete, dass man ihm Futter gab, ohne es zu wagen, in die Küche zu gehen, während er freudig herankam, wenn jemand mit Hut erschien …«

Einige kretische Hunde hatten sich an den harschen Umgang wohl gewöhnt: Charles Edwardes beobachtete 1886, wie sein altgriechisch »Krete« getaufter Hund äußerst misstrauisch auf seine sanften Freundlichkeiten reagierte, während seine Vermieter mit rüderen Methoden offensichtlich das volle Vertrauen des Tierchens genossen: »My landlady and her boys kick him without mercy.« Übrigens gibt es schon in der griechischen Antike trotz aller Heldenhunde wie dem dreiköpfigen Kerberos oder dem treuen Argo, der als Einziger den heimkehrenden Odysseus erkannte, genügend Beispiele für eine rüde Gangart gegenüber Hunden. So wurden im peloponnesischen Argos in der Kynophontis, einem rituellen Hundemord, einmal jährlich zu den Hundstagen alle herumstreunenden Hunde wegen Tollwutgefahr erschlagen.

Der kretische Journalist Giorgios Phrantzeskakis verfasst in Griechenlands führender Tageszeitung *Kathimerini* (deren Redaktion von dem in Südafrika aufgewachsenen Kreter Nikos Konstandaras geleitet wird) die Tierkolumne und hat kürzlich einen aufrüttelnden Artikel über Kretas Hunde veröffentlicht. Erschütterndes Fazit: In einem Ranking, in welchem Teil Griechenlands das Hundeleben am härtesten sei, liegt die Insel des Lailaps unangefochten an erster Stelle.

Schon gibt es Berichte, dass Touristen gezielt der Insel den Rücken kehren. Mittlerweile gehört das Thema Hundequälerei zu Kreta-Reiseführern wie das Thema Schildkrötenschutz zu Zakynthos, und in Chatrooms tauschen entsetzte Urlauber ihre erschütternden Beobachtungen aus. Als eine der Ersten hat die deutsche Krankenschwester Silke Wrobel auf die Qualen der kretischen Hunde reagiert.

»Ich will sie alle retten«, mit dieser *ZDF*-Doku rührte das Schicksal der beherzten Frau und Tierfreundin ganz Deutschland. Silke Wrobel kam schwer krebskrank auf ihre geliebte Insel und fand eine Aufgabe, die sie ihre Krankheit vergessen ließ. Eine Möwe mit gebrochenem Flügel flog ihr zu, die sie gesund pflegte. Fortan gehörten ihr

Herz und ihre Leidenschaft den kretischen Tieren. Sie gründete in der Nähe von Chania ein Tierheim für gequälte, ausgesetzte Hunde. Und sie machte Werbung für die Idee, die Patenschaft für einen kretischen Hund zu übernehmen. Auf den Seiten des Vereins www.archenoah-kreta.com kann der internationale Hundefreund bequem von zu Hause aus auf einem Formblatt seine Hundepräferenzen eingeben: kinderlieb, wachsam, anhänglich, folgsam, stubenrein, sterilisiert. Am schwersten freilich, klagen die Tierschützer, seien alte, behinderte Hunde zu vermitteln, auch wenn sie für deren guten Charakter bürgen könnten.

Das Engagement Silke Wrobels trägt Früchte. Es gibt immer mehr Tierschutzvereinigungen auf der Insel, in denen sich nicht nur Deutsche und Britinnen, sondern auch die Kreter selbst engagieren. Mittlerweile hängen an vielen Haustier- und Touristenläden auf der Insel mehrsprachige Formulare, die um Spenden für Hundepflegeplätze bitten. Einige deutsche Reiseveranstalter haben Tierheime bereits als »Begegnung« in ihr Reiseprogramm integriert. 2004 überreichte der deutsche Botschafter Frau Wrobel das Bundesverdienstkreuz und würdigte damit auch ihr Eintreten für einen umwelt- und sozialverträglichen Tourismus: »Dabei geht es Frau Wrobel nicht um eine falsch verstandene Kuscheltier-Romantik, sondern – ganz im Gegenteil – um ernste und sachliche Aufklärung, um nachhaltige Lösung von Problemen.«

My Big Fat Cretan Wedding

Kreta feiert

Wenn die Meteoren Sirtaki tanzen, erkenne ich Dich wieder, Vaterland.
Mikis Theodorakis

Manolis Papadakis ist Bauingenieur. Ihm verdankt der Regierungsbezirk Rethymnon Straßen, Brücken, Wohn- und Parkhäuser. Manolis Papadakis hat drei Söhne, Dimitris, Manolis und Nikos. Und drei Enkel, von denen die beiden männlichen auch Manolis heißen. Wenn also Manolis' Frau Eleni sonntags, wenn sich die ganze Familie zum gemeinsamen Essen versammelt, »Manolis« ruft, dann stürmen gleich vier Männer an den reich gedeckten Mittagstisch. Das findet Eleni praktisch.

Das griechische Wort für Baby ist neutral, *to moro*, aber es gibt auch die männliche und die weibliche Form: *o bebis, i beba*. Und so werden je nach Geschlecht alle griechischen Babys bis zur Taufe gerufen. Während dieser Zeit sind sie beim Zivilregister unter *avavtistos* beziehungsweise *avavtisti* (Ungetaufter beziehungsweise Ungetaufte) plus Nachname eingetragen. Manchmal ein, zwei Jahre, denn die Taufe wird immer später vollzogen. Das stört keinen, denn es ist jedem Bekannten und Verwandten ohnehin klar, wie das Kind heißen wird. Und eine Identitätskrise hat es bei griechischen Kindern deswegen auch noch nicht gegeben.

Manch einer mag sich wundern, weshalb in

Griechenland immer dieselben Namen auftauchen: Jannis, Giorgos, Kostas, Nikos und Dimitris sind die häufigsten Männernamen, auf Kreta vor allem auch Manolis, Sifis und Titos, Letzterer benannt nach dem ersten Bischof der Insel, bei den Mädchen Maria und Eleni. Es irrt, wer meint, es handle sich um besonders beliebte Namen, denn das Entscheidungskriterium ist immer dasselbe: Der erste Enkel wird nach dem Großvater väterlicherseits, der zweite Enkel nach dem Großvater mütterlicherseits benannt, Enkelinnen entsprechend nach der Großmutter oder auch nach dem Großvater – in der weiblichen Form, etwa Giorgos – Giorgia, Stelios – Stella. Typische Einladungen zur Taufe werden auf verspielten Karten gedruckt unter Angabe des Ortes, des Datums, der Eltern, des Taufpaten … nur eines wird man vergeblich suchen: den Namen des Täuflings. Das leuchtet ein, denn das ungetaufte Kind ist schließlich noch namenlos und, wir sagten es schon, es bestehen ohnehin keinerlei Zweifel an dem zu gebenden Namen. Im Falle der jüngsten Manolis Papadakis konnte sich der Großvater gleich mehrmals durchsetzen.

Die Tradition der Namensgebung nach den Großeltern ist bis heute ungebrochen. Erinnern Sie sich an die Szene im Film »My Big Fat Greek Wedding«, als der griechische Vater dem verblüfften und ein wenig verklemmten amerikanischen Schwiegersohn die große griechische Verwandtschaft präsentiert: »Darf ich vorstellen: Das ist mein Cousin Nikos, und dies hier ist mein Cousin Nikos, und dies ist mein Cousin Nikos, und das schließlich ist mein Cousin Nikos.« Klar, denn alle diese Nikos, die sich auf den Heiligen Nikolaus, der die Seefahrer beschützt, berufen, haben ein und denselben Großvater!

Überhaupt gibt es nur zwei Sorten von Namen: die der christlichen Heiligen und die der historischen und mythologischen Personen der Antike. Die antiken Namen kamen übrigens erst mit dem wachsenden National- und Geschichtsbewusstsein im 19. Jahrhundert in Mode und sind im Zusammenhang mit der Rückführung antiken Gedankenguts durch Europas Philhellenen nach Griechenland zu sehen: Antigóni, Dimosthénis, Periklís, Aristotélis, immer eine Silbe weiter als im Deutschen betont und häufig lässig abgekürzt zu Dimos, Perry, Aris. Einfach ist es nicht, schon gar nicht in der autonomen, also vom griechischen Mutterland unabhängigen kretischen Kirche, einen Priester zu finden, der bereit ist, das Kind auf solch einen heidnischen Namen zu taufen. Weshalb sich findige Interpreten Doppellösungen ausdenken: Wer etwa sein Kind Paris nennt, mag an jenen armen Jüngling denken, der die Qual der Wahl zwischen den drei schönsten Frauen der Antike hatte – und prompt einen zehnjährigen Krieg auslöste. Der Priester aber, der Paris tauft, beruft sich auf die Heilige Paraskevi, die den Namen des Leidenstags Christi trägt: Heiliger Freitag, eine Märtyrerin, der der Legende nach die Augen ausgestochen wurden. Sie wird bis heute von Kurzsichtigen, Astigmatismus-Geplagten und Blinden verehrt. Aus derselben Paraskevi entsteht dann die Koseform Evi, die keinesfalls mit der Verführerin Adams zu verwechseln ist. So verzeichnet das griechisch-orthodoxe Heiligenlexikon den heiligen Jason und den heiligen Achilleas, die heilige Daria, die heilige Artemis und die heilige Kleopatra, man arrangiert sich eben mit der Kirche. Übrigens werden kretische Kinder immer auf einen einzigen Namen getauft. Auch das findet Eleni praktisch.

Als der Erste seiner Söhne heiratete, war es Ehrensache, dass der Baulöwe Manolis Papadakis senior einladen würde. Die Braut stammt aus dem italienisch geprägten Korfu, ist also eigentlich eine Fremde. Doch das kümmerte den Vater nicht, versprach ihr breites Becken doch eine leichte Geburt der zu erwartenden Enkelschar – und damit der künftigen Manolides. Gegen alle Regeln wurde die Hochzeit beim Vater des Bräutigams auf Kreta gefeiert, die Glocken verkündeten lautstark, hier heiratet gerade der Erstgeborene des einflussreichen Manolis. Zu später Stunde war die Kirche der vier Märtyrer prall gefüllt und von Scheinwerfern grell beleuchtet, der Priester hatte es eilig, Samstag Abend im September, das ist Hochsaison für die Heiratswilligen, schnell musste es gehen, dem Brautpaar stand der Schweiß im Angesicht, Blitzgewitter, als würde hier der Jetset absteigen. Nur ein kleiner Teil der Gäste fand überhaupt Platz in der gar nicht kleinen Kirche am Eingang zur Altstadt Rethymnons. Der Tanz des Jesaja um den Altar, die Trauzeugin reckt die Silberkränze hinter dem Brautpaar empor. »Die Magd Gottes heiratet den Knecht Gottes«, leiert der Pope herunter, die Frau soll ihren Mann fürchten, das hat keiner der Anwesenden überhört, und auch der Braut dämmert, worauf sie sich eingelassen hat, so weit von ihrem heimischen Eiland entfernt.

Noch zwanzig Minuten Autofahrt, dann folgt der Höhepunkt jeder kretischen Hochzeit: Der Boden der eigens angemieteten Turnhalle droht unter den achthundert geladenen Gästen einzubrechen, davon nur eine Handvoll Bekannte und Freunde des frisch gebackenen Ehepaars und umso mehr Weggenossen des Vaters. Bierzeltatmosphäre ohne Bier, stattdessen kretischer Hausmannswein, der mitteleuropäische Gaumen eher an Sherry erinnert, dargereicht in Zwei-Liter-Karaffen. Hastig eilen die Kellner von Tisch zu Tisch, denn feiern heißt vor allem essen, in diesem Falle essen auf Kosten von Manolis Papadakis. Ganze Dörfer waren der per Megafon aus einem durch Manolis' Heimat fahrenden Pickup verbreiteten Einladung gefolgt: »Manolis verheiratet seinen Sohn Manolis, kommt alle am Sonntag um zweiundzwanzig Uhr nach Rethymnon.« Das klang wie der fahrende Gemüsehändler, der mit seinem schwer beladenen Laster die Ware über unwegsame Straßen im Hinterland anpreist. Dass der Name der Braut nicht fiel, tut nicht viel zur Sache, kaum einer der Anwesenden dürfte sich dafür interessiert haben. Und Manolis Papadakis ließ sich nicht lumpen: An einem ausgewachsenen Schaf würden sich, so rechnete der großmütige Manolis, zehn hungrige Kreter satt essen, das macht insgesamt achtzig Schafe, eine ganze Herde, die zu Ehren seines Sohnes geschlachtet wurde. In Euro: achttausend Euro nur für das Fleisch, aber was für eines: Auf riesigen

Tabletts türmen sich wohlgeordnet die Schafsbestandteile: Rücken, Keulen, Karree, Schulter, Flanke, Hals, Innereien, mit Milz gefüllter Schafsdarm, Augen und das Leckerste: Lämmerköpfe, deftig, saftig, triefend. Die Haxen sind mit Darm umwickelt, ein paar Lämmerhärchen lugen noch heraus, sie liegen gut in der Hand – wozu denn überhaupt Besteck! –, mit den Händen schaufeln die Hochzeitsgäste Hammel und Lämmer in sich hinein. Als hätten sie wochenlang gefastet, so greifen sie zu, hungrig, gierig, hemmungslos, nach Lust und Laune wird hier geschmatzt und das Loblied auf das Brautpaar und die Großzügigkeit des Bräutigamvaters angestimmt. Dazu wird *pilafi* gereicht, jener nach türkischer Art Stunden über Stunden im Lammsud weich gekochte Rundkornreis. Kein Gemüse, wenig Salat, kaum Nachspeisen, das Volk verlangt Fleisch, reines, ursprüngliches, aus dem Ida-Gebirge stammendes Fleisch.

Die Speisung der achthundert ist vollzogen, und ist der erste Hunger gestillt, muss sich der Kreter bewegen. Der Hochzeitstanz zwischen dem ungelenken hundertfünfzig Kilo schweren Manolis junior und der blonden, stämmigen Schönheit aus dem griechischen Norden rührt vor allem das weibliche Publikum. Es folgen der obligate Schwiegervater-Braut-Tanz, man sieht es, Manolis senior hat mehr Erfahrung mit dem weiblichen Geschlecht und weiß es anzupacken. Nun greift einer aus dem Saal zur Lyra, jener kretischen Kniegeige, deren drei Saiten nicht niedergedrückt, sondern nur mit dem Nagel berührt werden. Das ermöglicht ein schnelleres Spiel als es beispielsweise auf einer Violine möglich ist. Einen der sechs noch verbliebenen kretischen professionellen Lyrabauer hat Manolis senior engagiert, Giorgos Papalexakis, der sein bestes Stück, eine aus Rosenholz gefertigte Lyra mit einem Adlerrelief auf der gewölbten Rückseite mitgebracht hat. Für tausend Euro verkauft er solche Meisterwerke in der Dimakopoulou Straße gleich um die Ecke der venezianischen Porta Guora. Etwa hundert Stunden Handarbeit stecken in jeder Lyra, so kommt der Meister auf einen Stundenlohn von zehn Euro. Papalexakis ist ein Virtuose seines Kunsthandwerks und ein begnadeter Lyra-Spieler, auch die schwedisch-griechische Eurovision-Song-Contest-Gewinnerin des Jahres 2005, Elena Paparizou, hat bei ihm eine Lyra bestellt. Die Lyra übernimmt die Melodieführung, Laute und Tambouras sind Begleitinstrumente und die wesentlichen Elemente der eigenständigen Musikkultur Kretas. Die drei mit der schwarzen *vraka,* der traditionellen kretischen Pumphose in Schaftstiefeln, bekleideten Männer streichen, was das Zeug hält. Was für die Neapolitaner die Mandoline, ist für die Kreter die Lyra – nur lauter, schriller, ungezähmt. Der Verstärker tut ein Übriges. Alles lacht, redet, schreit durcheinander, eine Unterhaltung ist nicht möglich und nicht gewollt. Nun ist kein Halten mehr. Das Volk stürmt die Bühne, die Braut wird mehr und mehr an die Seite gedrängt, denn Tanzen ist vor allem Männersache, immer noch, im offenen Kreis, allenfalls zum Klatschen sind die Damen bei Manolis' Hochzeit zu gebrauchen. Im komplizierten Sieben-Achtel-Takt gibt die Lyra die Melodie vor, variiert sie endlose Male, alles dreht sich wie im Rausch, es ist die ekstatisch-dionysische Kulmination des Festes.

Nicht nur die Tänzer, auch Manolis und Eleni sind zufrieden, die Hochzeit ist ein voller Erfolg. Auch in finanzieller Hinsicht: Die Gäste haben sechzigtausend Euro für das Brautpaar mitgebracht. Noch Wochen später rühmt sich der *Raki*-Brenner Theodoros aus Vizari, dass er *pentakossies* – fünfhundert – *Evro* gespendet hat. Dafür erwartet er die nachträgliche Legalisierung seiner Schnapsbrennerei. Manolis Papadakis unterhält schließlich gute Beziehungen zu den lokalen Ordnungshütern.

Der Morgen bricht an mit einer kugelrunden, diesigen Sonne über den Lefka Ori, den Weißen Bergen. Es wird Kaffee gereicht, dann machen sich die Gäste schweigsam und taumelnd auf die Rückfahrt in ihre Dörfer. Noch lange hallen die Klänge der Lyra nach. Für die Braut, ihr Name ist übrigens Christiana, bricht ein harter Alltag im Hause der Schwiegermutter an.

Von der »vraka« zum Frack

Eleftherios Venizelos: Ministerpräsident und Kreter

Der Kreter ist der Supergrieche: Alle Eigenschaften des Hellenenvolkes steigert er zum Extrem, im Guten wie im Bösen
JOHANNES GAITANIDES

Antiamerikanismus ist in Griechenland salonfähig. Die Griechen haben es mit ihren Parolen und Demonstrationen sogar geschafft, den amerikanischen Exaußenminister Colin Powell von einem Besuch in der Hauptstadt abzubringen. Den Amerikanern unterstellt man gerne, die Türken während der Invasion auf Zypern unterstützt zu haben (auch, um von der eigenen Schuld abzulenken, schließlich war die Krise 1974 von der griechischen Junta provoziert worden). Allein die Tatsache, dass die Amerikaner wichtige Militärbasen in der Türkei (natürlich auch in der griechischen Ägäis) haben, macht sie suspekt.

Doch im Grunde ihres Herzens verhalten sich die meisten Griechen heutzutage sehr amerikanisch. Ihre Lieblingsspeise ist fast food à la grecque, nämlich Pommes und Pork-*Souvlaki*. Das Konsumverhalten ist längst klar amerikanisch geprägt. Man investiert in private Colleges und Paukschulen (sogenannte Frondisterien), weil man der staatlichen Schule nicht vertraut (und demonstriert gleichzeitig für ein staatliches und kostenfreies Bildungswesen für alle). Fast jeder weiß von einem reichen Onkel in Amerika zu berichten (der die zurückgebliebene Familie jahrzehntelang mit Dollarscheinen durchbringt).

Am deutlichsten wird die uneingestandene Affinität zu den Nordamerikanern im politischen System. Wie in den USA gibt es regelrechte Politikerdynastien. Ein alter griechischer Witz geht so: Was ist der Unterschied zwischen der Monarchie und der Demokratie? In der Monarchie herrscht eine Familie, in der Demokratie zwei. In Wirklichkeit sind es drei. Man sagt, man brauche nur eine der drei wichtigsten griechischen Familien zu kennen, und schon habe man beruflich ausgesorgt. Paten, Freunde, nahe und entfernte Verwandte dienen als Mittelsmänner. *Ta mesa*, die Beziehungen, sind das Sesam-Öffne-Dich im täglichen Dickicht der griechischen Bürokratie, sei es bei den Finanzämtern, den Ministerien, der Polizei, dem staatlichen Elektrizitätsmonopol DEI oder der staatlichen Erdgasgesellschaft. Dabei handelt es sich in den Augen der Klientel gar nicht um Korruption, vielmehr um einen gefälligeren Service, etwa, wenn es um einen schnelleren Gasanschluss oder ums Ignorieren von Strafzetteln fürs Falschparken geht. Was in vielen Fällen tatsächlich funktioniert. Und so beruht das öffentliche System auf einem ständigen Geben und Nehmen. Ein erhaltener Freundschaftsdienst verpflichtet schließlich auf immer.

Die drei Familien sind: der Papandreou-Clan, verkörpert durch Giorgos Papandreou, zurzeit Oppositionsführer und vor allem Sohn des Begründers der Panhelladischen Sozialistischen Bewegung (PASOK), des charismatischen Ministerpräsidenten der achtziger Jahre, Andreas Papandreou, der wiederum Sohn von Giorgos Papandreou, zweimaliger Ministerpräsident in den Vierzigern und Sechzigern, war. Giorgos Papandreou, genannt Klein-Georg (Giorgakis) hat nichts vom Charisma seines Vaters, er ist auch kein guter Rhetoriker, man könnte fast meinen, die ihm auferlegte Rolle missfalle ihm. Aber er hatte schließlich keine Wahl, sein Schicksal war vorbestimmt. Die Verbindungen der Papandreous reichen bis nach Schweden und Amerika (mit mehr als zwei Millionen Auslandsgriechen).

Sodann: die Karamanlis-Sippe, die traditionellen Erzrivalen des Papandreou-Clans. Sie gründet auf dem ehemaligen Premierminister und Staatspräsidenten Konstantinos Karamanlis. Dieser war der erste Ministerpräsident Griechenlands nach dem Sturz des Obristenregimes. Sein Neffe, der gleichnamige Kostas Karamanlis, ist der amtierende Ministerpräsident Griechenlands und Vorsitzender der seit 7. März 2004 regierenden konservativen Nea Dimokratia. Im Gegensatz zu Giorgos Papandreou junior ist Kostas in seine Rolle gut hineingewachsen. Aber auch er hatte keine andere Wahl.

Schließlich ist da noch der Venizelos-Mitsotakis-Clan. Dieser wird repräsentiert durch Konstantinos Mitsotakis, den mit seinen fast neunzig Jahren immer noch rüstigen und hoch gewachsenen Exministerpräsidenten von 1990–1993. Mitsotakis ist Großneffe einer der wichtigsten Politiker-

Persönlichkeiten Griechenlands, Eleftherios Venizelos, auf den wir noch zu sprechen kommen, und Vater der derzeitigen (ebenfalls hoch gewachsenen) griechischen Außenministerin Dora Bakogianni, die so mancher Beobachter bereits als erste Frau unter den griechischen Ministerpräsidenten sieht. Immerhin hat es Bakogianni von der Bürgermeisterin Athens schon auf den Außenministerposten geschafft. Sie ist zweifellos die Ehrgeizigste unter den Nachkommen der Politikerkasten und macht dazu bella figura. Der Grieche sagt anerkennend, sie habe es im Blut.

Wirft man einen Blick auf die Ergebnisse der demokratischen Parlamentswahlen seit 1952, so findet sich der Name Karamanlis sechsmal und der Name Papandreou fünfmal wieder unter den Ministerpräsidenten – bei sechzehn demokratischen Wahlen insgesamt! Zeitlich ausgedrückt stellt sich das so dar: siebzehn Jahre lang saß ein Karamanlis auf dem Sessel des Ministerpräsidenten, vierzehn Jahre lang ein Papandreou. Hinzu kommen zehn Jahre für Konstantinos Karamanlis als Staatspräsident.

Solche Dynastien kennen wir ansonsten nur aus Diktaturen, Monarchien – und den USA. Ganz offenbar sind politische Ämter in Hellas vererbbar, und keiner nimmt daran Anstoß.

Die drei Familien repräsentieren drei verschiedene griechische Regionen: die Papandreous kommen ursprünglich aus Patras auf der Peloponnes, die Karamanlis aus der Nähe von Serres in Makedonien und die Venizelos-Mitsotakis-Sippe aus Kreta, genauer gesagt aus Chania, Stadtteil Chalepa, dem vornehmsten aller Viertel der Stadt, in dem sich die ausländischen Konsulate und das Hauptquartier der vier Schutzmächte um die Wende vom 19. zum 20. Jahrhundert befanden. Konstantinos Mitsotakis hat über hundert Patenschaften auf Kreta, das ist der sicherste Grundstock für seine Partei auf der Insel. Dass Kreta traditionell (mit Ausnahme Chanias und der Familien der Paten, versteht sich) PASOK wählt, ist nur scheinbar ein Widerspruch. Denn als besonders populär gelten die außenpolitischen Standpunkte, die die PASOK immer wieder vehement vertritt, wie die Beseitigung der US-Militärbasen in der Bucht von Souda. Mit dem Reform- und Sparpaket eines Karamanlis hingegen tut man sich auf Kreta schwer.

Über Kreta ist schon so mancher Politiker gestolpert. Der PASOK-Fürst Andreas Papandreou verstrickte sich Ende der Achtziger in den Zweihundert-Millionen-Dollar-Skandal der Bank von Kreta und entkam nur knapp einer Anklage wegen illegaler Parteienfinanzierung. Konstantinos Mitsotakis wiederum musste sich vor Gericht wegen angeblich illegalen Besitzes antiker Grabungsfunde verantworten. Beide Patriarchen haben die Skandale überlebt. Mitsotakis' Fundstücke sind nun im archäologischen Museum von Chania in einem eigens nach ihm benannten Saal öffentlich zugänglich.

Ungebrochen hingegen ist die Popularität des großen kretischen Staatsmannes Eleftherios Venizelos. Das Porträt des feinen Herrn mit Fliege und der runden Brille schmückt so manches Dorf-*Kafeneion*. Als Gipsbüste in allen Größen gibt er ein vortreffliches Mitbringsel aus Klöstern und Souvenirshops ab, und sein Antlitz ziert auch die Rückseite der griechischen 50-Lepta-Münze. Der neue Flughafen Athens, Vorzeigeobjekt der postolympischen Hauptstadt, ist nach ihm benannt.

Mit Venizelos behaupten sich die Kreter auch im 20. Jahrhundert als unerbittliche Freiheitskämpfer und überzeugte Antimonarchisten. 1905 war er, damals Justizminister des im Auftrag der Schutzmächte Kreta regierenden Dänenprinzen Georg, mit seinen Anhängern in das Heimatdorf seiner Mutter nach Therissos gezogen und hatte von dort gegen die als allzu zentralistisch empfundene Politik des Hochkommissars rebelliert – mit Erfolg: Prinz Georg wurde durch den früheren griechischen Ministerpräsidenten Zaimis ersetzt. Venizelos ging dann nach Athen und machte dort Karriere. 1910 wurde er zum Premierminister gewählt und gründete die fortschrittsorientierte Liberale Partei – ein klarer Affront gegen Thron und Kirche. In seiner Amtszeit wurde die allgemeine Schulpflicht eingeführt, Gewerkschaften wurden legalisiert und eine allgemeine Bodenreform wurde initiiert. Doch seine Gedanken kreisten um Kreta. Seit 1912 berief er Landsleute als Abgeordnete ins Parlament (was verfassungsrechtlich bedenklich war, schließlich unterstand Kreta noch der Suzeränität der Türkei und gehörte noch gar nicht zu Griechenland). Der Ruf nach *Enosis* wurde immer lauter. Im Zuge der Balkankriege und der Verdoppelung des festländischen Staatsgebietes wurde auch Kreta 1913 an Griechenland angeschlossen. Besessen von der *Megali Idea*, der Großen Idee, war sein nächstes Ziel, ein Großgriechenland unter Einschluss Konstantinopels und Kleinasiens zu verwirklichen. Gegen den Willen des dänisch-deutschen Königs Konstantin aus dem Hause Sonderburg-Glücksburg, dem Großvater von Prince Philip, dem Duke of Edinburgh, trieb er Griechenland an der Seite der Entente-Mächte in den Ersten Weltkrieg. Doch längst hatte Venizelos die rebellische Pluderhose *vraka* gegen den Frack der Diplomaten eingetauscht. Beim Friedensvertrag von Sèvres 1920, der die Türkei zu großen Abtretungen zwang, stand der kretische Grandseigneur, der auf dem Parkett stets durch seine elegante Erscheinung auffiel, als großer Gewinner da – ein britischer Gesandter bezeichnete ihn zusammen mit Lenin als größten Politiker Europas. Die überraschende Wahlniederlage im gleichen Jahr rettete den Kreter davor, die Verantwortung für die Folgen übernehmen zu müssen. Denn der von ihm 1919 angezettelte kleinasiatische Krieg gegen die Türken endete 1922 mit dem Brand von Smyrna in einem Trauma, das die Griechen bis heute schlichtweg »die Katastrophe« nennen: Der endgültige Verlust Kleinasiens hatte einen Bevölkerungsaustausch zur Folge, der auch Kreta traf. Kriterium war die Religionszugehörigkeit und nicht die Sprache. Fast zwanzigtausend kleinasiatische Griechen wurden nach Kreta umgesiedelt, ließen sich in den Häusern der Türken in den Dörfern nieder oder gründeten neue Stadtteile rund um Herakleion, wie Nea Alikarnassos. Noch mehr Muslime mussten die Insel verlassen. Bisweilen findet man in der Türkei und in Syrien Nachkommen dieser muslimischen Flüchtlinge, die bis heute eine etwas altertümliche Form des kretischen Dialekts pflegen.

Nur sechsundzwanzig Jahre hatte Venizelos im großbürgerlichen Chalepa gelebt. In der Schlacht um Kreta wurde sein Haus 1941 bombardiert. Die deutschen Truppen nutzten das Gebäude als Hauptquartier und Sitz des jeweiligen Kommandanten der Festung Kreta. Die Villa befindet sich seit 2000 im Besitz der Stiftung Eleftherios K. Venizelos und ist öffentlich zugänglich.

Nach der Wahlniederlage von 1920 hat sich Eleftherios Venizelos nach Paris zurückgezogen und seinen Dichtungen gewidmet. Er übersetzte die staatsmännischen Schriften des Historiografen Thukydides. Doch noch einmal wurde der große alte Mann der griechischen Politik von den Venizelisten als Stehaufmännchen gebraucht: 1928–1933 förderte er in seiner letzten Amtsperiode als Premierminister die Integration der aufgrund ihres hohen Joghurtkonsums als »joghurtgetauft« verspotteten kleinasiatischen Flüchtlinge und suchte eine vorsichtige Annäherung an die Türkei – schließlich verbanden den Reformer teilweise ziemlich ähnliche politische Anschauungen mit Kemal Atatürk. Doch 1935 floh er nach Attentaten und Konflikten mit der Monarchie erneut nach Paris, wo der elegante Herr ein Jahr später verstarb. Eine seiner Büsten träumt am griechischsten Ort der Côte d'Azur vor sich hin, vor der homerischen Villa Kérylos des Philhellenen Théodore Reinach in Beaulieu-sur-Mer.

Kala Christoujenna

Weihnachten auf Kreta

> *Und Gott gab diesem Festtag Licht, und die Ziegenhirten ließen es sich nicht nehmen, zur Feier des Tages zwei zarte Zicklein zu schlachten und am Spieß zu braten, während die beiden Holzfäller mehrere Dutzend gepökelte Amseln vom Berg beisteuerten.*
>
> ALEXANDROS PAPADIAMANTIS

Den diesjährigen Weihnachtsurlaub verbrachten wir auf Kreta. Es ist ein Erlebnis der besonderen Art, was sich bereits auf der Überfahrt von Piräus bemerkbar macht. Auf der festlich geschmückten »Knossos Palace« ist jede Menge Platz, auf dem Deck und in den Gängen stolpert man nicht über Schlafsäcke. Das Personal ist entspannt, es gibt nicht viel zu tun. Nach neunstündiger Überfahrt bei der Ankunft am 24.12. im Hafen von Herakleion dasselbe Bild. Keine Staus, kein Hupen, die geschäftige Unruhe des Sommers scheint vergessen. Umarmungen, Küsschen, die Passagiere steigen in Autos, Taxen und Überlandbusse. Die meisten Hotels haben geschlossen, die Geldscheine sind gezählt, die Touristen abgereist, keiner trauert ihnen so recht nach, man ist mit der Olivenernte und dem Tünchen der Mauern beschäftigt. Der Weg auf der Schnellstraße führt an satten grünen Wiesen vorbei, überall sprießt und blüht es, die Luft ist mild und feucht. Lediglich in den Städten finden wir noch eine passable Unterkunft. Wir haben uns für Rethymnon entschieden.

Die Stadt empfängt uns im Morgengrauen, die Sonne geht über ihren Minaretten, der unermesslichen Fortezza und dem langen Sandstrand auf, golden sind die Mauern der Altstadt beschienen, der Himmel ist geradezu unverschämt blau. Wir sitzen draußen an der venezianischen Porta Guora und stärken uns an den besten *loukoumades* der Stadt. Kaum zu glauben, dass ein bisschen Luft, eingeschlossen in eine dünne Haut aus Mehl, Wasser, Salz und Hefe und begossen mit dem köstlichsten Honigsirup, solch einen Hochgenuss erzeugt.

Etwas wackelig sitzt Stella auf dem Moped hinter ihrem Mann, im Damensitz, so wie sie einst auf dem Esel gesessen war, aber das ist lange her, mindestens fünfunddreißig Jahre, als sie endgültig in die Stadt gekommen sind aus dem nahegelegenen Argyroupolis, berühmt wegen seiner Bergquellen, die noch heute ganz Rethymnon mit Wasser versorgen. Der Kinder wegen, sagt sie lachend, die inzwischen längst in Athen eine Anstellung gefunden haben, als Bankangestellter und Lehrerin für ein spärliches Gehalt: Neunhundert beziehungsweise achthundert Euro verdienen die beiden, weshalb sie nebenbei noch als Sprachlehrer privat hinzuverdienen müssen, um über die Runden zu kommen. Zweimal im Jahr kommen die gestressten Großstädter auf die Heimatinsel, zu Ostern und vor allem im Sommer, den Jeep vollgepackt mit Spielzeug für Stellas Enkelkinder, genießen sie die Frische im Dorf.

Jetzt aber ist es ruhig in Rethymnon. Viele der fünftausend Studenten der geisteswissenschaftlichen Fakultät der Universität Kreta sind zu ihren Familien gefahren, in den Cafés sitzen die Einheimischen und sinnieren über das zu Ende gehende Jahr nach. Es sei ein gutes gewesen, sagt Stelios, Stellas Cousin und Kioskbesitzer. Sein Sohn habe einen der begehrten Studienplätze am Polytechnion von Athen ergattert, die Tochter habe ihm einen Enkel beschert, die diesjährige Olivenernte sei vielverspechend. Zwei Tage im Jahr, morgen und übermorgen, schließt Stelios seinen Kiosk. Genug Zeit zum Ausruhen.

Um es gleich vorwegzunehmen: im griechisch-orthodoxen Kirchenjahr bildet Ostern das zentrale Fest. Wenn zu Weihnachten zudem auf Kreta die Rosen blühen und das Wetter frühlingshaft warm ist, wirkt das gleichzeitig von der Werbebranche hartnäckig vorgegaukelte Bild einer ewig weißen Weihnacht mit Lametta und Glöckchengeläute fast ein wenig bizarr.

Der Advent als Zeit der Besinnung mit seiner eigenen Atmosphäre ist hierzulande unbekannt. Und doch ist Weihnachten ein Fest, das man erwartet: Heute ist der letzte Tag der vierzigtägigen Fastenzeit, die Stella immer noch einhält, indem sie auf Milchprodukte und Fleisch verzichtet. Das fällt nicht schwer: Auch unsere *loukoumades* sind Fastenspeise. Erst seit der Einführung des gregorianischen Kalenders im Jahre 1923 wird das Hochfest der Geburt Christi in Griechenland an dem auch im Westen üblichen Datum, am 25.12., begangen.

Es klingelt und rasselt. Ab dem frühen Morgen des 24. bis zur Mittagszeit sind Stellas und Stelios' Nichten und Neffen unterwegs, um die *kalanda* zu singen (die Calendae bezeichneten im alten Rom den jeweils ersten Tag der Monate). Sie klopfen an die Türen und fragen: »Na ta poume?«, dürfen wir die *kalanda* singen? Meist begleitet sie nur eine Triangel. Ursprünglich dienten diese Lieder als Anlass für Wohltätigkeit, heutzutage stecken die Kinder das gesammelte Geld in die eigene Tasche und verdrücken gerne auch die angebotenen *melomakarona,* in Sirup getauchtes Honiggebäck, und *kourambiedes,* ein in Puderzucker gewälztes Mandel-Buttergebäck, bevor sie weiterziehen. Bei Onkel Stelios am Kiosk tauscht Kostis die Münzen in Scheine um.

Mit dem Singen der *kalanda* beginnt die zwölftägige Weihnachtszeit, das *dodekaimero.* Sie endet am Vorabend des 6. Januar mit dem Singen einer weiteren *kalanda,* womit das Fest der Gotteserscheinung, der *theophania,* eingeläutet wird. Dann darf auch allen Fotis und Fotinis zum Namenstag gratuliert werden.

Es ist Abend. In den Häusern wird das Weihnachtsfeuer entfacht, das die ganze Zeit über brennt und vor den *kalikantzari* schützt. Die *kalikantzari* sind flinke, boshafte, nachtaktive Kobolde, die durch den Kamin in die Häuser schlüpfen, das Feuer löschen, die Milch sauer machen und Unheil stiften. Noch nie hat sie jemand gesehen, umso fantasievoller werden sie beschrieben. Sie sind dunkel behaart, haben mal Affenarme, mal Ziegenbeine, dünne lange Hexennasen und rote

Augen, sind äußerst verfressen und unartig. Das ganze Jahr über sitzen sie unter der Erde und versuchen den Baum, der die Welt trägt, zu fällen. Gestört wird ihre Arbeit heute, am 24. Dezember, wenn die Festtagsgerüche die lispelnden Schelme anlocken und sie an die Erdoberfläche kommen.

Die Restaurants in Rethymnons Altstadt füllen sich. Jetzt gehen die meisten Kreter aus, mit dem Fasten nimmt man es zu später Stunde nicht mehr so genau: Heiligabend feuchtfröhlich! Erst der 25. Dezember ist der Tag des Weihnachtsfestes, an dem die Familien zusammenkommen und auch Freunde empfangen werden.

Ein traditionelles Weihnachtsgericht ist gefüllter Truthahn, auf dem Lande wird vielfach noch das mit einem Kreuz oder X (für den ersten griechischen Buchstaben ch des Wortes Christos) verzierte *christopsomo*, Christusbrot, gereicht. An diesem Tag gilt es vor allem, telefonische Grüße zum Namenstag der vielen Christos, Christinas und Manolis zu übermitteln. Das Telefon klingelt also ständig, denn auch die Ehefrauen von Christos und Manolis werden zu ihren Männern beglückwünscht: »Na ton chairesai!«, erfreu dich an ihm!

In vielen kretischen Haushalten hat der (amerikanische) Weihnachtsbaum Einzug gehalten, fast immer ist er aus Plastik, was dem kargen Baumbestand Kretas nur guttut.

Auch am 31. Dezember werden wir frühmorgens von dem Triangel der *kalanda* geweckt – Weihnachtszeit ist Bimmelzeit! Man verabschiedet das alte und begrüßt das neue Jahr. Silvester, in Griechenland französisch »Reveillon« genannt, findet wieder im Familienkreis statt, es wird viel gegessen, getrunken, und Glücks- und Kartenspiele stehen auf dem Programm!

Nun warten vor allem die Kinder gespannt auf die Ankunft des Heiligen Vassilis, der ihnen am Neujahrstag, seinem Festtag, die Geschenke bringt. Der 379 verstorbene Kirchenvater Basilios aus Caesarea (türkisch: Kayseri) in Kappadokien ist einer der populärsten Heiligen Griechenlands, um den sich selbst in den Städten bäuerliches Brauchtum und volkstümliche Neujahrssitten erhalten haben. Dazu gehört vor allem das in allen Familien und Firmen übliche Schneiden der *vassilopitta* (das die in Mitteleuropas Betrieben üblichen Weihnachtsfeiern ersetzt): Eingebacken in den Kuchen ist eine Münze, früher eine Silbermünze. Stelios schneidet das Gebäck in gleiche Stücke, legt eines für den Heiligen Vassilis, eines für Christus, eines für sein Haus und eines für den »Armen« beiseite und teilt die restlichen Stücke auf die Familienmitglieder auf. Die Spannung steigt: Wer das Stück mit der Münze bekommt, wird im neuen Jahr viel Glück haben. Der kleine Kostis strahlt und hält die Münze triumphierend hoch. Das neue Jahr wird ein gutes werden!

Turkomaria und Turkomanolis

Kreta unter dem Halbmond

> *Die Ziegen haben Euch arm gemacht und machen es noch. Nicht die Türken! Die Ziegen!*
>
> Erhart Kästner

Es war der Horror. Siebenhundert verängstigte, schluchzende Frauen und Kinder drängten sich in den völlig überfüllten Zellen und Refektorien des Arkadi-Klosters, beschützt von unablässig die Muttergottes anrufenden Mönchen und circa dreihundert die Waffen schwingenden *palikaria*, verzweifelten todesmutigen Freiheitskämpfern. Sie alle waren vor der berüchtigten Fünfzehntausend-Mann-Armee Mustafa Paschas, eines in Ägypten gedrillten kretischen Moslems, hierher geflohen. Noch hielten die jahrhundertealten Klostermauern dem Ansturm des ersten Tages statt, doch als die Türken schwere Kanonen vom dreiundzwanzig Kilometer entfernten Rethymnon heraufschleppten, schien das Schicksal der kretischen Patrioten besiegelt. Doch hielten sie einen letzten Trumpf in der Hinterhand: ihre Verzweiflung, ihre wilde Entschlossenheit, für die Freiheit zu sterben. Als die ersten türkischen Sturmtruppen in die festungsähnliche Anlage gedrungen waren, begann das Gemetzel. Konstantinos Giaboudakis erhielt vom Abt Gabriel die Erlaubnis, das Waffenarsenal zu sprengen. Über Leichen hinweg eilten Männer, Frauen und Kinder aus freiem Willen dorthin, um in der Feuerbrunst und nicht in den Händen der Türken zu sterben. Sie glaubten an das freie Kreta. Vierzig Jahre nach der Befreiung vom türkischen Joch auf dem Festland und der Peloponnes erreichte der revolutionäre Gedanke seinen kretischen Höhepunkt.

Die Explosion von Arkadi sollte noch einmal kurz die Flamme internationaler philhellenischer Solidarität auflodern lassen. Erinnerungen an die glorreichen Tage von Missolonghi wurden wachgerüttelt. Hugo schwärmte aus dem Brüssler Exil in der Zeitung *L´Orient* vom Vulkanstod der freiheitstrunkenen kretischen Hellenen. Garibaldi wetterte gegen die Tyrannei der Fremdherrscher und Algernon Charles Swinburne verfasste eine schier endlose Ode, deren letzte Verse hier zitiert werden:

O Freedom, sure and slowly
Thy ministrant white hands cleanse earth of crime
Though we stand off afar
Where slaves and slaveries are,
Among the chains and crowns of poisonous peace;
Though not the beams that shone
From rent Arcadion
Can melt her mists and bid her snows decrease;
Do thou with sudden wings
Darken the face of kings,
But turn again the beauty of thy brows on Greece;
Thy white and woundless brows,
Whereto her great heart bows;

Give her the glories of thine eyes to see;
Turn thee, O holiest head,
Toward all thy quick and dead,
For love's sake of the souls that cry for thee;
O love, O light, O flame,
By thine own Grecian name,
We call thee and we charge thee that all these be free

Auch wenn die europäischen Mächte die kretische Frage eher als lästig ansahen und sich eine Fortsetzung des Status quo wünschten, um den Kranken Mann am Bosporus zu schonen – das politische Schicksal Kretas war fortan aufs internationale diplomatische Parkett gebracht. Vom Entsetzen und der Bewunderung über Arkadi führt ein direkter Weg zur Enosis der Großen Insel 1913 mit dem griechischen Mutterland.

Nicht umsonst nimmt Arkadi in der Folge von Rebellionen, Empörungen und Clanfehden, die manchmal etwas großspurig als Revolutionen bezeichnet werden, einen besonderen Rang ein. Arkadi ist ein nationales Monument, der 8. November ein nationaler Gedenktag Kretas, und bis heute werden Schulklassen vor das makabre Beinhaus geführt, und eifrige Pädagoginnen präsentieren ihren Zöglingen stolz die Schwerteinstiche in den Schädeln der heldenhaften Vorfahren.

Doch war die 229-jährige türkische Besatzung Kretas wirklich nur von finsterster Unterdrückung, gefürchteten Steuereintreibern und permanenten Revolten aufbegehrender geknechteter Kreter geprägt? Das grausame Schicksal des vor einem großen Spiegel und coram publico gehäuteten Daskalojiannis, des von der Zarin Katharina der Großen angestifteten Rädelsführers des Aufstands in der Sfakia von 1770, verbreitete das Schreckensbild der gefürchteten osmanischen Tyrannen. Konnte das türkische Reich wirklich nur mit der Knute so erfolgreich wachsen? Stellte es nicht eine die persönliche Leistung honorierende soziale Alternative zum verkrusteten Adelssystem des westeuropäischen Barocks dar? Waren die ausgezeichneten beruflichen Perspektiven in der Armee des osmanischen Vielvölkerstaats oder im höheren Dienst der Administration nicht auch für viele arme Bauernsöhne aus Kretas Bergen verlockend? Fest steht, dass ganze Dörfer freiwillig zum Islam konvertierten, auch um die hohe Kopfsteuer für Ungläubige zu sparen – die Altchristen sprachen spottend von Turko-Manolides und Turko-Marias. Fest steht auch, dass mancher orthodoxe Kreter die türkischen Herren, die ihm anders als die katholischen Venezianer nicht in seine Religion hineinredeten, als Befreier empfand. Die erste Maßnahme der türkischen Besatzer war, 1653 wieder offiziell einen orthodoxen Metropoliten und sieben Suffragan-Bischöfe einzusetzen – das hatte es auf Kreta seit 1204 nicht mehr gegeben!

In den letzten Jahren hat eine kleine Avantgarde griechischer und kretischer Intellektueller die muslimische Vergangenheit und Identität der Insel wiederentdeckt. In ihrem Erfolgsroman »Das Leben des Ismail Ferik Pascha« schildert die Kreterin Rhea Galanaki die innere Zerrissenheit einer Figur, die sich an dem Eroberer von Arkadi inspiriert. Der als Kind aus Kreta in die ägyptische Gefangenschaft verschleppte Protagonist konvertiert zum Islam, besucht die angesehene Kadettenschule und macht Karriere als Kriegsminister seiner neuen Heimat. Im Jahr des Arkadi-Aufstandes 1866 wird er auf die Heimatinsel zurückgeschickt mit dem Auftrag, den von seinem Bruder finanzierten Aufstand seiner Landsleute gegen die Türken niederzuschlagen. Ismail Ferik Pascha zerbricht zwischen seinen Erinnerungen, der neuen und der alten Heimat, dem Christentum und dem Islam.

Der märchenhafte Aufstieg der Rabia Gülnüş wartet noch auf seine Verfilmung. Als blutjunges Mädchen von Rethymnon nach Istanbul als Beutegeschenk an den Sultan verschleppt, gelang es der anonymen Schönen, die Aufmerksamkeit des Sultans Mehmed IV. so sehr zu fesseln, dass er sie heiratete und für vierundzwanzig Jahre zu seiner Lieblingsfrau machte – nach seinem Tode trug sie als Mutter zweier Sultane noch einundzwanzig Jahre den einflussreichen Titel Osmanlı Imparatorluğunum Valide Sultan'ı, Sultansmutter. Keine andere Frau hat länger über den Harem und damit indirekt über das türkische Reich regiert als diese Kreterin. »Sie ging als Sklavin und würde eine glückliche Sultanin«: Nikolaos Stravrinidis bringt es in seiner Biografie der in Kreta fast vergessenen unfreiwilligen Auswanderin auf den Punkt.

Die Osmanen hatten nur wenige Frauen auf die Insel mitgebracht, der Ruf der hellhäutigen Kreterinnen war diesen vorausgeeilt. So kam es schnell zu Mischehen mit den anatolischen und arnautischen Herren (die meisten »Ägypter« waren wie Mehmet Ali Pascha dahin eingezogene albanische Soldaten), und ihre Kinder wurden automatisch Muslime. Nur für Eingeweihte war es möglich, auf den ersten Blick christliche Kreter von islamischen Giritlis, den griechisch sprechenden Muslimen, zu unterscheiden:

»Ihre Kleidung unterschied sich nicht von jener der Christen, nur dass sie mehr auf Reinlichkeit und Eleganz hielten. Den Muselmanen konnte man ausschließlich an dem um den Kopf gewundenen Tuch unterscheiden: die Griechen pflegten (noch ein Zeichen der alten Trauer über ihre Unterjochung) ein schwarzes zu tragen und die Türken ein weißes, wenn sie nicht den roten Fes trugen«, so erinnert sich Pantelis Prevelakis in seiner liebenswert-nostalgischen »Chronik einer Stadt«, des multikulturellen Rethymnon. Diese versunkene Welt steht in auffallendem Gegensatz zur auf dem Balkan einzigartigen staatsvölkischen Homogenität der Hellenen nach 1923, die erst durch die Jugoslawienkrise und den Gastarbeiter anziehenden Wohlstand der neunziger Jahre aufgeweicht wurde.

Auch in ökonomischer Hinsicht war der Deal mit den Osmanen keine schlechte Liaison. Das Öl der Mandeln und der unter türkischer Herrschaft verstärkt statt Weinreben angepflanzten Oliven waren im 18. Jahrhundert kretische Exportschlager nach Frankreich. Olivenöl wurde weniger in der Küche verwendet, sondern fand bei der Seifenproduktion in den Rokoko-Salons von Paris – und den Bädern von Stambul – seine anspruchsvolle und verwöhnte Kundschaft. Frankreich hatte ein Wirtschaftsabkommen mit dem Osmanischem Reich abgeschlossen und zog nachhaltig Profit aus den osmanischen Provinzen. Noch heute profitieren Kreta-Wanderer davon, dass 1830–1840 die technokratische ägyptische Zwischenregierung Gebirgspfade pflastern ließ, freilich aus militärischen Gründen.

In jedem Fall hatte man einen Modus Vivendi gefunden. Nach dem Motto, lieber gleich andersgläubig als katholisch-christlich, war so manchem Griechen der Türke näher als der Venezianer. Umso unfassbarer erschien den meisten Kretern der Lausanner Vertrag von 1923, der den Bevölkerungsaustausch der in Kleinasien ansässigen Griechen mit den Türken aus Griechenland vorsah. Die kretischen Muslime, längst politisch ungefährlich, wurden zum Bauernopfer eines von dem Kreter Venizelos und dem Jungtürken Atatürk abgeschlossenen politischen Deals. Das Schicksal der gut dreißig- bis fünfzigtausend muslimischen Kreter, die nach dem Vertrag von Lausanne im Austausch mit kleinasiatischen Siedlern ihre Heimat verlassen mussten, bleibt in Griechenland weitgehend Tabuthema.

»Es war noch kein Jahr vergangen, als der Befehl über das Land hereinbrach, dass die Türken in die Türkei und die Griechen von dort hierher kommen müssten. Zunächst konnte das niemand glauben noch fassen … Ist denn sowas denkbar? Kann man ein ganzes Volk aus seinem Haus vertreiben? Aus seiner Gegend entwurzeln? … Man kann das Öl vom Wasser scheiden, sagt man, aber nicht die Milch vom Wasser. Denn in so vielen Jahren des Zusammenlebens waren sie untereinander durch alle möglichen Bande, Geschäfte, Transaktionen, Freundschaften und Liebe unentwirrbar verbunden. … Es kam sogar vor, dass einem zugeflüstert wurde, jenes Türkenmädchen liebe jenen Griechen. Und bei Leichenzügen von Griechen konnte man bisweilen auch einige Türken sehen, die am Rande des Zuges folgten mit ihren karmesinroten Fezen, gebeugt und mit Tränen in den Augen. Und wenn man die Menge von einem hohen Fenster beobachtete, sah es aus wie ein Frühlingsfeld, an dessen Rändern ringsherum Mohn blüht.«

So beschreibt die Kreterin Elli Alexiou in der Novelle »Ibrahim Babas Brunnen« die einzigartige Verwurzelung der Giritlis in ihrer Heimat. Im 17. Jahrhundert soll die Majorität der Kreter islamisch gewesen sein und auch die Verwaltungsbeamten waren meist des Griechischen mächtig. So unterhielt sich der englische Reisende Robert Pashley 1824 auf Griechisch mit Mustafa-Pascha, der mit zwei Griechinnen verheiratet war und sich höchst erfreut über die Sprachwahl zeigte.

In der Situation der Vertreibung 1923 war es übrigens durch internationale Verträge den Kreto-Türken untersagt, sich zum Christentum zu bekehren und damit das jahrtausendealte Heimatrecht zu bewahren.

Kürzlich veröffentlichte die deutschsprachige *Griechenland-Zeitung* einen interessanten Artikel über einen Besuch der deutschen evangelischen Gemeinde Athens im griechischsprachigen Dorf

Alhamidieh in Syrien unweit der Stadt Tartus und der einzigen Insel des Landes, Arvad. Erst als die hellenischen Syrer das naive Ansuchen, mit *raki* auf die Begegnung anzustoßen, ablehnten, wurde klar, dass es sich hier um moslemische Griechen handelte. 1923 verteilten türkische Transportschiffe die Flüchtlinge auf Smyrna, Alexandria, Tripolis in Libyen und Tripolis im Libanon. Bis heute erhalten kretische Moslems der Diaspora kein individuelles Einreisevisum nach Griechenland, doch ihre Doppelsprachigkeit stellt sich als Vorteil auf dem globalen Arbeitsmarkt dar. Aktuell verschafft der Bauboom auf Südzypern, wohin immer mehr arabisches Kapital fließt, vielen sprachkundigen Kreto-Syrern gut bezahlte Jobs. Haben die Turkomanolides auf der Insel der Aphrodite eine Zukunft?

Der Pope und die Melkmaschine

Byzantinische Dickschädel

Wenn du vor dem Tor des Paradieses erscheinst und es öffnet sich nicht, so greife nicht nach dem Türklopfer, um anzuklopfen. Nimm dein Gewehr von der Schulter und gib einen Schuss ab!

NIKOS KAZANTZAKIS

Wo bestellt man auf die Schnelle siebenhundert Ikonen? Heute würde man sich an chinesische Kopisten wenden, doch 1499 gab es dafür genügend kretische Werkstätten. Seit der Flucht von Hunderten von Künstlern aus Konstantinopel wurde das venezianische Kreta zum Kristallisationspunkt der orthodoxen *hagiographoi*, der Heiligenmaler. Ganze fünfundvierzig Tage brauchte eine Werkstatt von nicht mehr als drei Malern, um für zwei griechisch-italienische Kompagnons die geforderten siebenhundert Bilder flott zu pinseln, flexibel nach Auftrag: Fünfhundert sollten »alla latina«, zweihundert »alla greca« sein. Dieser religionsübergreifende Umgang mit der religiösen Bildersprache war damals typisch für das multikulturelle Klima Kretas. So dringt zum Beispiel der Ikonentyp der stillenden Madonna (Maria lactans) als *Galaktotrophousa* erst im 16. Jahrhundert in die orthodoxe Malerei ein und verbreitet sich dann von Kreta bis nach Russland, wo sich der Bildtyp der »Mlekopitatelniza« größter Beliebtheit erfreut. Das Thema hat seinen theologischen Ursprung in der italienisch-franziskanischen Mystik, die die leidende und kindlich hilflose und damit menschliche Natur Christi gegenüber der göttlichen betonen wollte, wobei der Dyophysitismus bis heute gemeinsame Glaubensbasis der Orthodoxie und der katholischen Kirche ist. Die nährende Muttergottes gilt unter den Ikonenmalern der Ostkirche, die alles Körperliche zugunsten der Spiritualität vermeiden, noch immer als besondere Herausforderung.

Kein Wunder, dass diesem Milieu ein Genie wie Domenikos Theotokopoulos (1541–1614) entstammt. Während ihn später seine hochadligen Auftraggeber in Toledo schlicht El Greco tauften und damit eine griffige Alternative zum schwierigen griechischen Namen schufen, bestand der arrivierte Hofkünstler zumindest in seiner Signatur auf seiner engeren Heimat: TH-S O KRIS, Theotokopoulos der Kreter, schrieb er in akronymer Ligatur, die längst als Design-Logo Inselwein-Etiketten schmückt. Domenikos mit dem italienischen Vornamen (Kyriakos wäre die griechische Version) ist einer der Exilkreter, die erst im Ausland richtig rauskamen. Seine Lehrjahre führen den jungen Katholiken nach Venedig, wo er zunächst bei seinem Landsmann Michael Damaskinos lernt und dann aus der Enge der griechischen Diaspora heraustritt. Der große Tiziano Vecellio nimmt ihn in seinem Atelier auf – der Ikonenmaler erhält die einzigartige Chance, Kolorit und Komposition der italienischen Renaissance aus erster Hand zu studieren. Ab 1570 ist er in Rom im Umkreis des Palazzo Farnese tätig, spanische Kirchenfürsten gewinnen ihn 1577 für eine Umsiedlung nach Toledo. Dort entstehen seine unverwechselbaren fahrig-fantasiereichen Meisterwerke wie »Entierro del Conde de Orgaz«, das Begräbnis des Grafen Orgaz. In der Kunstgeschichte versuchte man das fahle, entzündete Kolorit El Grecos einerseits mit gefühlsbetonten Erklärungsmodellen und andererseits immer wieder mit seiner kretischen Sozialisation zu erklären. Von farbenblind bis der ekstatischen Welt der spanischen Gegenreformation verfallen, von Tintoretto-Imitation bis zum Ikonenkolorit und der allen Ikonen eigenen Ablehnung zu realistischer Anatomie und Figürlichkeit reichen die Theorien. Manche seiner Toledo-Veduten wirken in der Tat wie blitzdurchzuckte kretische Berglandschaften.

Die Kreter haben ihren fernen Landsmann schnell vergessen, der auch von der westeuropäischen Kunstgeschichte erst zu Beginn des 20. Jahrhunderts als Pionier eines impressionistischen Malstils wiederentdeckt wurde. Zögerlich drang der Ruf von dem manieristischen Malerfürsten, der in Toledo einen Palast mit vierundzwanzig Zimmern bewohnte, wieder in seine ferne Heimat vor. Reisende und Lokalpatrioten begannen, seinen verschütteten Anfängen nachzuspüren und siehe da, zahlreiche Dörfer und Städte wollten sich auf einmal die Domäne El Greco sichern. 1934 wurden die Weichen für die zukünftige Vermarktung des Domenikos Theotokopoulos festgelegt. Eine Delegation der Universität Valladolid reiste in das unspektakuläre, aber quellenreiche Orangenzüchter- und Klöpplerinnendorf Fodele zwischen Herakleion und Rethymnon, um dem hocherfreuten Bürgermeister eine treffliche El-Greco-Büste und einen Gedenkstein vom Grab des Malers aus Toledo zu überreichen: »En memoria de la gloria immortal de Domenicos Theotocopoulos.« Immerhin fiel der Ort den Spaniern dadurch auf, dass hier viele den ähnlich klingenden Nachnamen Theotokakis führten. Erhart Kästner präsentierte man im Orts-*Kafeneion* einen jungen taubstummen Malariakranken als letzten Nachfahren der Sippe – ein trinkgelderheischendes Schauspiel für neugierige Besucher aus aller Welt. Sehenswürdigkeiten lassen sich schließlich notfalls aus dem Boden stampfen. Längst hat man wie bei einem Heiligen ein El-Greco-Geburtshaus festgelegt, und Busladungen bescheren den örtlichen Souvenirshops glänzende Umsätze mit El-Greco-Farbstiften, El-Greco-Postkarten und El-Greco-Kitschtellern.

Seitdem ist bei kretischen Intellektuellen, Wissenschaftlern und Künstlern eine manchmal überzogene und überspannte Auseinandersetzung mit dem Genie angesagt – Kazantzakis schrieb großspurig eine »Rechenschaft vor El Greco«: »Du standest vor mir, ein strenger Edelherr mit dem spitzen, schneeweißen Bart, mit den trockenen, zusammengepressten Lippen, mit dem ekstatischen, flammenden, hochfliegenden Blick.« Der Katholik, vom dem man nichts wissen wollte, wird plötzlich zum Maßstab der kretischen Nation. Und wenn heute die Nationalgalerie in Athen eine El-Greco-Retrospektive zeigt, dann stellen sich auch bildungsferne Familien brav in die endlosen Warteschlangen. Längst ist Domenikos Theotokopoulos touristischer Shooting-Star seiner Insel, Diskotheken und Bars, Olivenöle und T-Shirts tragen seinen Namen und jeder Prospekt wirbt mit ihm. Da auf Kreta keine Bilder von ihm vorhanden sind (fündig wird man »in der Nähe« auf Ithaka, Syros oder in Athen), ist er durch Abziehbildchen und Poster, die in vielen Kirchen kleben, präsent.

Ein Star aus Kreta, aber nicht jeder schätzt den Rummel um ihn, wie der studierte Landpriester Kyriakos, der verächtlich auf eines der Abziehbildchen schaut. »El Greco, ein Maler für Ausländer, der hat doch unsere kretische Maltradition verraten, jesuitische Ekstase statt heilige Bilder, völlig überspannt.« Papás Kyriakos, Namensvetter von El Greco, schlägt einen verstaubten Folianten der Staatsdruckerei mit eingelegtem Folienpapier auf, wo fromme Fresken erscheinen: »to mystiko deipnon« (Abendmahl), »i koimisis tis theotokou« (Mariä Entschlafung), »o baiforos« (der Palmträger/ Palmsonntagseinzug), »i anastasis« (Auferstehung), das ganze orthodoxe Bildprogramm. Schauen Sie, das ist Theophanes o Monachos, dieser kretische Mönch ist auch in der Welt herumgekommen, hat für die Meteoraklöster und den heiligen Berg Athos gemalt, aber er ist dabei ein gottesfürchtiger Maler geblieben, der nicht seinen persönlichen Stil für wichtiger hielt als die heiligen, nicht von Menschenhand geschaffenen »Acheiropoiita«-Bilder des Erzengels Lukas und der Engel. Theophanes hat gefastet, bevor er den Pinsel in die Hand nahm! Nur so kann echte Kunst entstehen!

Der Papás hat sich in Rage geredet. Verständlich, denn heute ist Kretas einst so weltoffene Heiligenmalerei zur kanonisch-blinden Imitation jahrtausendealter Schemata zurückgekehrt. Kopierende Kunstmaler verdienen nicht schlecht mit dem Export kretischer Ikonen in die Kirchen der weltweiten griechischen Diaspora. Bestellungen kommen aus den USA, Australien und den koptischen und aramäischen ostchristlichen Gemeinden der arabischen Welt, die seit Kurzem den optischen Charme der Ikonen entdeckt haben.

Kretische Popen haben ihren eigenen Kopf. In kirchlichen und in weltlichen Dingen. Schließlich ist die kretische Kirche eine der ältesten Griechenlands und der Welt. Sie geht bereits auf den aus Antiochien stammenden Heidenchristen und Paulusschüler Titos zurück, übrigens ein beliebter kretischer Vorname. Bis heute enthält jede katholische, protestantische und orthodoxe Bibel den Sendbrief, den der Apostel, der von Kreta auf stürmischer See nach Malta verschlagen wurde, seinem Schüler schickte. Der zur Polemik neigende Paulus kaut darin wenig erfreuliche Vorurteile über die Kreter wieder, die ursprünglich auf einen der Sieben Weisen, den Kreter Epimenides zurückgehen. »Es hat einer aus ihnen gesagt, ihr eigener Prophet: Die Kreter sind immer Lügner, böse Tiere und faule Bäuche. Dies Zeugnis ist wahr. Um der Sache willen strafe sie scharf, auf dass sie gesund seien im Glauben« (Titusbrief 1, 12).

Praktischer ist vielleicht das Verdienst, das ebenfalls Paulus zugeschrieben wird: Nach der Legende habe er alle wilden Tiere von der Insel verbannt – bis heute gibt es kaum giftige Schlangen oder Raubkatzen, und selbst die kläffenden kretischen Hunde sind weniger aggressiv als die epirotischen Molosserdoggen. Die kretische Kirche hat darüber hinaus ihren autonomen Status gegenüber der autokephalen Griechischen Kirche mit Hauptsitz Athen und dem Erzbischof Christodoulos wahren können. Zusammen mit Athen und dem Metropolitansbistum der Dodekanes untersteht sie noch immer direkt dem Patriarchen von Konstantinopel im Stadtteil Phanar.

Doch Popen sind keineswegs nur mit der Kirche verbandelt. Nach den frühchristlichen Gebräuchen der Ostkirche kennen sie keinen Zölibat, müssen allerdings vor der Priesterweihe heiraten (beziehungsweise im Falle des Ablebens der *papadiá* lebenslang Witwer bleiben). Sie verfügen seit der Junta (ganz wie in Deutschland oder Österreich) über ein staatliches, aber nicht stattliches Gehalt, das sie häufig nicht nur durch *dora* (Geldgeschenke), sondern durch Landarbeit aufstocken. Ackernde und jagende, weidende und zimmernde Popen sind keine Seltenheit und beliebte Fotomotive, da sie auch in der glühendsten Sonnenhitze ihre schwarze oder graublaue Soutane nicht ablegen.

So kam es auch zu folgender typisch kretischen Anekdote: Ein Vertreter aus dem fernen Larissa schwatzte einem kretischen Landpfarrer, der an die zweihundert Lämmer sein Eigen nannte, etwas auf, was er eigentlich nicht brauchte, nämlich eine Schafmelkmaschine deutschen Markenfabrikats. Irgendwann wurde das achtzehntausend Euro teure Ungetüm angeliefert, im Schafstall installiert und – funktionierte nicht. Natürlich hatte man à la grecque keine Gebrauchsanweisung mitgeliefert – der Landpope schrieb ein paar Mal um das Manuale, aber als nichts kam, verlor er schnell die Lust an dem neuen Teil und molk fleißig weiter wie bisher, nämlich händisch nach Altvätersitte. Doch als nach Jahren die Firma die letzte Rate anmahnte, ging es dem Priester an sein *filótimo*, an die Ehre. Schließlich habe das überflüssige Monster, längst verrostet, nie funktioniert. Es wurde ein juristischer Kampf bis zum Areopag, dem höchsten Gerichtshof des Landes, ausgetragen. Der Priester ging leer aus.

Als erfolgreicherer Businessmann erwies sich der 1911 geborene Irenaios, Bischof von Kissamos. Bereits in jungen Jahren von den deutschen Besatzern als »Kommunist« festgenommen, haftete dem unbequemen Theologen mit seinen eigenen Vorstellungen von sozialer Gerechtigkeit der Ruf des Sozialapostels an. Doch Irenaios wusste seine sozialen Ideen in positive Praxis umzusetzen. Als 1966 ein völlig abgewracktes Schiff der Reeder-Mafia von Piräus auf dem Weg nach Kreta versank und Hunderte von Toten zu beklagen waren, reagierte Irenaios mit der Gründung einer eigenen Schifffahrtslinie ANEK (Anonymi Naftiliaki Etairia Kritis, Schifffahrtsaktiengesellschaft Kretas). Das Kapital brachten Hunderte von frommen kretischen Kleinanlegern auf. Bis heute transportieren die schlichten Schiffe billiger als und ebenso sicher wie die Konkurrenz. Das kretische Sprichwort, dass Popen auf Schiffen und Reisen Unglück bringen, hat sich nicht bewahrheitet.

Auch der Junta war der unbequeme Kirchenmann ein Dorn im Auge, auf ihren Druck versetzte ihn das Patriarchat von Konstantinopel als Metropoliten nach Deutschland, wo er von Bonn aus griechische Gastarbeiter religiös betreute. 1979 wurde die Stelle des Bischofs von Kissamos wieder vakant, und die Forderungen der einheimischen Bevölkerung wurden lauter und lauter, Irenaios zurückzuholen. Das haben sie auch erreicht. Auch diesmal tat der Bischof Ungewöhnliches. In Chania gründete er eine weltoffene orthodoxe Akademie, die aufarbeitet, was die konservative rückwärtsgewandte orthodoxe Kirche nötig hat: sie mit Gesprächspartnern zusammenzubringen und zu einer positiven gesellschaftlichen Kraft zu machen, die nicht nur zur Gottesversenkung der Gläubigen beitragen, sondern auch zu sozialen Fragen des kretischen Alltags kompetent Stellung nehmen kann.

Mehlschwitze und Mizithra

Die Geheimnisse der Kreta-Diät

Greek Wine no longer Greek tragedy
The Times, 2000

Kreta macht keine Ausnahme für den blauäugigen, arglosen Touristen, der ohne lange nachzudenken in die nächste Tavernenfalle mit fünfsprachiger (seit Jahren, vielmehr seit Jahrzehnten nicht erneuerter) Speisekarte und schreiend geschmacklosen Fotos von frittenumlagerten *Gyros*-Drehspießen tappt.

Ob in Chania oder Herakleion, in Agios Nikolaos oder Mallia hat der gutgläubige Gast gute Chancen, das geballte Programm hellenischer Antiküche zu erleben: *tzatziki* aus dem Supermarkt-Plastikkanister mit Knoblauchpulver und Stabilisatoren für die ausgelaugten Gurkenschnipsel. Dann deutschen Räuberspießen gleichende Schweinefleisch-*Souvlakis*, die meilenweit von den winzigen wildthymiangewürzten Lammfleischspießchen entfernt sind, die in echten *psistarias* (Grilllokalen) angeboten werden. Gibt es einmal Lokales wie Kaninchen-*Stifado* mit weißen Schmorzwiebeln, so wird das Gericht ungefragt in der Mikrowelle totgekocht, denn die Ausländer lieben es ja heiß. Der ach so gesunde griechische Bauernsalat entpuppt sich meist als ein paar trostlose Blöcke von Gurken und geschmacksfreien Tomaten, grob geschnittene, labbrige Zwiebeln, ein winziges Stückchen billigster, womöglich aus Deutschland importierter Kuhmilch-*Feta* und dazu lauwarmes Olivenöl aus verklebter Karaffe. Die Sonne scheint glühend auf den Tisch und deckt zusammen mit der salzigen Brise vom Meer, dem Duft der Jasminblüten, der scheppernden Beschallung mit *rembetiko* und *sirtaki* und dem Urlaubsgefühl, entspannt im Badedress zu speisen und zu flirten, alle kulinarischen Zumutungen zu.

Warum all das die Kreta-Diät berühmt gemacht hat, scheint rätselhaft, solange man sich nicht etwas Mühe gibt, die wahre kretische Küche zu erkunden. Wie überall in Griechenland ist sie zunächst Familiendomäne, vieles, wie das wunderbare Ziegenschmorfleisch in Joghurtsauce, wird fast nur bei privaten Festen aufgekocht. Und doch gibt es genug Möglichkeiten, sie kennenzulernen, doch muss man die Augen offenhalten. So verwandelt sich die von außen völlig unscheinbare Metzgerei von Herrn Neonakis in Agia Fotini abends in eine hervorragende Bergtaverne, selbstverständlich ohne Speisekarte. Der Gast sucht sich die Fleischstücke selbst am Grill aus oder schaut in die Kochtöpfe der Köchin. Ein sicherer Tipp ist auch die Taverna Loutro in Fre, wo man herrlich unter riesigen Platanen den Geheimnissen der kretischen Kochkunst nachspüren kann.

Und dann sind da die zunehmenden Initiativen agrotouristischer Landherbergen mit lokaler Küche und hin und wieder ein in der griechischen Provinz noch seltener Typ luxuriöser, aber regional kochender Restaurants. Es ist erfreulich, dass allmählich auch für ein Publikum, das nicht jeden Abend in der Ethno-Taverne verbringen will, Alternativen bereitstehen. Schade allerdings, dass es im Gourmetsektor meist so kulinarisch austauschbar zugeht wie im Fünf-Sterne-Ressort »Elounda Beach«. Dort hat der Gast die Qual der Wahl zwischen mehreren Restaurants: italienisch, griechisch, polynesisch, ambitioniert-mediterran. Hinter diesem Wörtchen verbirgt sich der französische Chefkoch Arnaud Mouchon, der unter Olivenbäumen Taschenkrebs-Salat auf Lauchcreme auftischt. Die Weinkarte des »Dionysos« ist eine der besten Griechenlands, siebenhundert Weine sind im Angebot (2006 hat der amerikanische *Wine Spectator* dem Restaurant den »Best of Award of Excellence« verliehen), die meisten Flaschen kosten dreistellige Euro-Beträge. Das stört die Kundschaft nicht, der Rubel rollt, fünfundachtzig Prozent stammen aus den Staaten der früheren Sowjetunion.

Am einfachsten taucht man in die Welt der kretischen Kost über die Produkte der Insel ein. Ein Spaziergang durch die nostalgische Markthalle von Chania, die architektonisch jener in Marseille nachempfunden ist, präsentiert die Düfte und Farben der Heimat des Zeus. Violett-weiß gefleckte Schlangenauberginen, kindskopfgroße Safttomaten, pechschwarze, sonnenverschrumpelte Oliven (*throumbes*) und mit ein bisschen Glück getrocknete Sauerkirschen aus Gerakari, ganze Buschen dunkelgrüner Wildspargel und Berge *chorta* genannter Wildkräuter (darunter Stachelzichorie, Flügelplatterbse, Bitterkraut-Reichardie, Gemeine Wegwarte), die wie Spinat gekocht und abgeseiht und mit goldschillerndem Olivenöl, Zitronensaft und Meersalz verspeist werden. Beim *tyrokomo*, dem Käsemacher, hat man die Wahl zwischen im Tontopf gereiftem Schafsjoghurt, *feta* aus verschiedenen Gebirgsregionen der Insel (und ganz Griechenland) und gigantischen Laiben des berühmtesten Inselkäses, der wegen seiner geschmacklichen Nähe zum Walliser Gruyère »Graviera tis Kritis« genannt wird. Ein sfakiotischer Bauer mit abgewetzten, blankgewienerten Schaftstiefeln stupst selbst gesammelte Schnecken in die rostigen Ölkanister zurück. Nebenan hat eine Bäuerin mit schwarzem Kopftuch frisch gemachte *kallitsunia* ausgebreitet – die halbmondförmigen Teigtaschen sind mit *mizithra* (Schafsquark) und Nana-Minze gefüllt und werden in selbst gefaltete Tüten aus der Inselzeitung *Ta Chaniotika Nea* verpackt. Ein dicker schnurrbärtiger Fleischhauer lässt sich neben blutigen Lammköpfen von einer dänischen Touristin fotografieren, die keine Ahnung hat, was für eine Delikatesse sie da ablichtet. Nur bei den unrasierten Fischern sind lokale Produkte selten – *ntopia* (einheimisch) steht bei den *garides* (Krabben), *marides* (Kleinfisch) und *lithrinia* (rote Meerbarben), während bei Bärenkrebsen und Doraden ungelenke griechische Lettern so ferne Fischfanggründe wie Senegal und Marokko anführen – jahrzehntelange gedankenlose Zerstörung der eigenen Ressourcen durch Dynamitfischen hat den wenigen einheimischen Fisch teuer gemacht. Im Anschluss an den Marktbesuch kosten wir noch zwei der verlockenden *bougatsas* (Milchstrudel) in der alteingesessenen

Kantine der Herren Makrakis und Tomadakis in der Apokoronou-Straße.

Appetit bekommen? Wie wir vorhin das Horrorszenario liebloser hellenischer Touristenabfütterung durchgespielt haben, so schildern wir jetzt die Gegenutopie eines perfekten kretischen Gastmahls. Auch wenn die Insel nicht die orientalische Fülle Zyperns an *mezedes* erreicht, so gibt es doch wohlschmeckende und ausgefallene *orektika* (Vorspeisen) zu entdecken. Wie wäre es mit winzigen, hellgrünen *nerantzolies*, in bitterem Pomeranzensaft eingelegten Oliven? Mit Zucchiniblüten, gefüllt mit saftigem Tomaten-Zwiebel-Risotto oder einem Trio aus Auberginen-, Zucchini- und Kichererbsenpuffern (*melitzanokeftedes, kolokythokeftedes, revithokeftedes*)? Und zur *choriatiki salata*, dem Bauernsalat, gibt es eine köstliche kretische Variante: Fragen Sie nach *dakos* oder *koukouvajia*: Für diesen Salat wird der in ganz Griechenland als Spezialität verkaufte kretische Gerstenzwieback *paximadi* (auch *dakos* genannt), eine Art lokalen Vollkornökozwiebacks, durch großzügig geschnittene, ganz frische, fleischige und saftreiche, tiefrote Tomaten aufgeweicht, mit sahniger Schafs-*Feta* überbröckelt, mit einheimischem *rigani* (Oregano) aus der Phrygana-Macchia überstreut und mit hellgrünem Olivenöl abgeschmeckt. Eine kretische Köstlichkeit ist auch Weißkohlsalat mit Oliven und Kümmel. Selten bekommt man auch die hausgestampfte weiße *taramosalata* aus Meeräschenrogen, die fast vollständig durch die industrielle rot gefärbte Dorschfischrogencreme verdrängt worden ist.

Viele Kreter schwärmen von Hülsenfrüchten (*ospria*) – die Qualität der lokalen Produkte, die in großen Säcken verkauft werden, ist eine Offenbarung. Riesige weiße Gigantenbohnen, die seit der Antike nachgewiesenen Äugleinbohnen *mavromatika*, die zahlreiche Ernährungswissenschaftler als besonders bekömmlich empfehlen, Kichererbsen, kleine grüne Linsen oder die beliebten Saubohnen (*koukia*), die die sparsame kretische Hausfrau schält, um danach aber auch die geputzten Schalen zu verwenden und zu kochen. Ein typischer *Koukia*-Eintopf besteht aus Artischockenböden, getrockneten Saubohnen, frischen Saubohnenschalen, die in der Zitronenmehlschwitze *alevrolemono* mit Wildfenchel geköchelt werden. Das ist keine Vorspeise, sondern genauso ein Hauptgericht wie mit Kichererbsen »verheiratete« Gigantenbohnen in *trachanas* – sonnengedörrte, in gesalzener Ziegensauermilch gequollene Weizenkörner. Ein Eintopf mehrerer Hülsenfrüchte nennen manche Kreter ganz patriotisch Heldensuppe, *palikaria*. Viele traditionelle Kreter bescheiden sich bis zu sechsmal die Woche mit vegetarischen Schüsseln wie Okra, grauem Saubohnenpüree aus *koukia*, Wildartischocken oder zartbitterem Portulaksalat (*glistrida*) mit Zwiebeln und Tomaten, am Sonntag aber vertilgen sie wahre Fleischberge. Am besten ist *katsikaki tou fournou* (Zicklein aus dem Backofen) – zu Ostern bringen viele Bauern das Schlachtfleisch in mühlenradgroßen Backschüsseln zum Ortsbäcker! Auch die lokale Variante des im fest verschlossenen Tontopf gegarten Lammbratens *kleftiko* ist nicht zu verachten – »auf Kleftenart« erinnert an die stets auf der Flucht befindlichen »Räuber«, wie die Freiheitskämpfer der Regionen Peloponnes und Epirus genannt wurden, die Fleisch so in Kochgruben garen mussten, dass der Rauch sie nicht verriet. Heute hat übrigens meist die Alufolie den Topf oder die Kochgrube ersetzt. Lamm wird im Südosten der Insel zur kalten Jahreszeit auch gerne mit Quitten serviert – der Name der Frucht leitet sich vom Ort Kydonia (griechisch *kydoni* = Quitte) im Bezirk Chania ab. Fisch sollte man nur in *psarotavernes* am Meer essen – mit Glück und gut gefüllter Geldtasche lässt sich eine köstliche Drachenkopfsuppe ergattern, typisch und erschwinglicher sind Sepien mit Kartoffeln und Artischocken.

Bleibt die Frage, was trinken wir dazu – warum nicht *retsina*? Der geharzte Wein hat zwar seine Heimat in Attika und ist in Kreta ein Festlands-Exot, auch gilt er den Griechen mittlerweile als Altmänner- oder Touristentrunk, aber in Chania stellt die Genossenschaftskellerei passablen *retsina* her. Typischer ist freilich der schwere dunkelroséfarbene, sherryartige Inselwein *marouvas*, der selten unter vierzehn Grad liegt – ansonsten tendieren Kreter eher zu Rotweinen, zum Beispiel aus der leichten Liatiko-Sorte oder Thrapsathiri-Weißwein aus Lassithi. Von Flaschenweinen, auf denen Namen wie Knossos oder El Greco griechische Schriftzeichen verdrängt haben, sollte man eher die Finger lassen – es sind meist für den touristischen Markt aufgemotzte Etikettweine. Hingegen gibt es eine spannende Entwicklung der kretischen Biowinzer zu vermelden. Vor allem Manousakas mit seinem Anbau französischer Reben, den er homerisch *nostos* (Heimweh) getauft hat, kultiviert auch international beachtete Spitzengewächse.

Kretas köstlichstes Dessert besteht aus *mizithra*: Frischer, cremiger Schafs-Ricotta wird mit Mehl bestäubt, gebacken und mit Honig und dem *petimesi* genannten eingekochten Traubenmost gereicht. Übrigens, während Griechen meist nur preisgünstigen *spitiko krasi*, Hauswein, trinken, geben sie für reinsortigen Blütenhonig ein Vermögen aus. Zum *elliniko kafe* (der bis 1974 auch auf Kreta *turkiko* hieß und erst durch ein Edikt der Juntadiktatur nationalisiert wurde) reicht man uns ein Stückchen Traubenmost-Mehlschwitzenpudding.

Noch ein *Ouzo* als Digestif? Schon wieder gegen den kretischen Drinkcode verstoßen. Denn Kreter kippen gern ein Gläschen *raki*, für die Damen auch mit Gebirgshonig verquirlt, *rakomelo*. »Stin igieia sas«, auf Ihr Wohl, mit einem Spruch Erhart Kästners auf den Lippen, des philhellenischen Landsers, der mitten im Zweiten Weltkrieg im Auftrag der Wehrmacht schönheitstrunkene Kapitel über die Insel schrieb: »Es ist eine andere Welt als Griechenland, wild, schön und großartig.« Das gilt auch für die »arme«, aber desto authentischere Küche der Kreter.